님께
드립니다.

화가 나네요! 정말!

연정희 지음

도서출판 어린여우

프롤로그
나는 따귀 맞은 영혼입니다

    내 오래된 기억으론 아니, 아주 오래전부터 난 내 얼굴을 좋아하지 않았습니다. 어른 되어 어쩌다 가뭄에 콩 나듯이 "정희씬 참 이뻐!"라는 말을 듣는 것에 난 익숙지 않았고, 사람들이 어색하고 또 괜히 미안하니까 그냥 한번 해 주는 말이라고나 여겼을 뿐 여간해선 믿기질 않았지요. 절대로!

    어려서 허구한 날 그 쪼그만 얼굴이 돌아가게 자주 맞으며 결코 변명할 기회조차 얻지 못하면서 자란 나로선 가장 부끄럽고 혐오스러운 얼굴이 바로 내 얼굴이었으니까요! 그래서 거울을 자주 들여다보지 않을뿐더러 요즘 흔한 말루다 자뻑으로 거울 속의 날 넋 놓고 바라본다는 게 몹시 힘든 사람이 바로 나란 여자였습니다. 결혼 후 8년 만에 간신히 생산한 아들을 기르며 그런 연유로 난 무슨 일이 있어도 내 아이의 얼굴만큼은 지켜 주었습니다. 나로선 참으로 훌륭한 모성이었지요! 나이가 들어가고 이제 노년으로 진입하며 다행히도 난 내가 조금씩 좋아지기 시작했습니다. 아마 하느님을 만나고부터인 거 같아요. 어느 날 갑자기 터져 나온 울음이요.

난 그때 그분께 너무 죄송해서 울었던 거 같습니다. 몰랐거든요. 그분이, 하느님이 이런 나를, 이 못생긴 날 그토록 사랑하고 계시는 줄을! 위선자들이나 하는 '자기기만'이라고 경시하던 '다 널 사랑하시기에 크고 작은 삶의 고통을 주시는 거이니라!'라는 뻔한 결론을 받아들이는 게 난 왜 그토록 오래 걸렸는지요? 내가 농 반 진담 반으로 자주 입에 올리는 말이 있습니다. "하느님은 날 도대체 얼마나 더 완벽한 인간으로 맹그시려구 이런 일을 또 당하게 하시는지 원!"

천성이겠으나 호기심이 너무도 많아 극성으로 예수님을 십여 년이나 붙잡고 늘어져야 했던 난 결국 하느님께 항복해야 했습니다. 무조건 복종하신 우리 예수를 본받아. 내 삶에서 못생긴 부분만 고집스레 바라보던 결핍된 자아에서 이젠 타인에게 퍼 주어도 퍼 주어도 남아도는 헤프디 헤픈, 기쁨의 화수분 같은 나만 남았습니다. 기적이지요. 아니, 축복이네요!

자 그럼 지금부터 이 천둥벌거숭이가 비탄으로 목 놓아 울다 기어이 하느님의 축복을 챙기고야 만 조금 긴 이야기를 시작하겠습니다. 다들 기대하시라 개봉박두!

차례

프롤로그: 나는 따귀 맞은 영혼입니다 •4

1장. 당신은 지금 어디 계신가요?

1. 세월호를 기억해 주세요! •12 | 2. 배우 김혜자 •14 | 3. 나보다 높은 놈 •16 | 4. 사람은 사랑해야 할 대상이지 욕망의 대상이 아니지요? •17 | 시 : 〈횡재〉 •21 | 5. 예수님 때문이에욧! •22 | 6. 기둘려 예서방! •23 | 7. 부처님 품 •24 | 8. 부활 •25 | 9. 구도 •26 | 10. 향내 •27 | 11. 인연 1, 인연 2 •28 | 12. 번뇌가 보리 •30 | 13. 알아차림 •31 | 14. 보고파요 예수님! •31 | 15. 오 주여! •33

2장. 난 어쩜 좋아요?

시 : 〈백련사의 비 1〉〈만경루〉 •36 | 1. 불심 •38 | 2. 보약빨! •39 | 3. 영양갱 •40 | 시 : 〈공양간 보살님〉 •41 | 4. 묵언수행 •42 | 5. 오라버니 •42 | 6. 허당 정희 •43 | 7. 예수님, 나 잡부 시켜 주시랑게로? •44 | 8. 지 섭해라! •47 | 9. 덜 갖고 더 많이 존재하라 •49 | 10. 자존감 •51

3장. 미안해요 정말!

시 : 〈헛된 인연〉 •54 | 1. 보살님 미안합니당! •55 | 2. ? •56 | 3. 그리움 •56 | 4. 그리움이라는 음식, 임지호 요리사 •61 | 5. 미안한 책임감 •62 | 6. 육십이 낼모레인 철 못 든 딸 •64 | 7. 부처는 아무나 되나? •64 | 8. 다시 길 떠나요 •65 | 시 : 〈회개〉 •66 | 9. 낯선 귀가 •67

4장. 난 정말 창피해요!

시 : 〈백련사의 비 2〉 •72 | 1. 하느님 망신 •74 | 2. 나는 어떤 친구입니까? •76 | 3. 작심 3일 •77 | 4. 못된 송아지 •77 | 5. 복잡한 종 •78 | 6. 값없이 준다는 거 •80 | 7. 뺑쟁이 정희 •81 | 8. 신부님 강론 •82 | 9. 천박한 행복감 •82 | 10. 잘난 척 •84 | 11. 원칙 •85 | 12. 배고파 파 •86 | 13. 서로 사랑하여라 •86 | 14. 바보 •88 | 15. 욕망과 소망 •90 | 16. 나라는 실체 •90 | 17. 하느님 나 지금 어디로 가고 있는 겁니까? •92

5장. 난 내가 싫어요! 끔찍해요!

1. 형벌 •94 | 2. 겸손을 잃은 대가 •96 | 3. 나는 정말 누구인가? •98 | 4. 수치 •99

6장. 나 좀 안아 주세요! 엉엉!

시 : 〈따귀 맞은 영혼〉 ・102 | 1. 엄마가요! ・103 | 2. 하느님은 그때 어디 계셨나요? ・105 | 3. 주님이 책임지세욧! ・109 | 4. 나 취했어요 ・112 | 5. 깔깔정희를 돌려주세요! ・115 | 시 : 〈그냥 싫어〉 ・116 | 6. 유서 ・117 | 7. 원죄 ・119

7장. 난 사실 이 말이 하고 싶었어요

시 : 〈내게로 보낸 멀쩡한 시〉 ・122 | 1. 우라질 세상 ・123 | 2. 냉담한 시선 ・124 | 3. 버리는 것 ・124 | 4. 정말 불쌍한 사람 ・125 | 5. 하겠습니다 아멘! ・126 | 6. 사과가 먼저 ・129 | 7. 위선자 ・131 | 8. 고백합니다 ・133 | 9. 엄마 손 ・133 | 10. 괴물의 얼굴 ・135 | 11. 역사적 교훈 ・135 | 12. 우리 정희 ・136 | 13. 두 얼굴 ・136 | 14. 분노 ・138 | 시 : 〈강진장에서〉 ・142

8장. 나 이제 괜찮아요

시 : 〈바람〉 ・146 | 1. 가수 이은미 ・147 | 2. 일방통행 ・147 | 3. 겸손 ・148 | 4. 천국은 없지요? ・150 | 5. 예수님 재주껏? ・151 | 6. 미나리 강회 ・152 | 7. 평화의 예수님 ・159 | 8. 성화동 뻥뜯기의 변신 ・160 | 9. 속죄양 ・162

9장. 어서 오세요!

시 : 〈헛된 인연〉 ・168 | 1. 무사 ・169 | 2. 과부 땡빛 ・170 | 3. 아무렴 어때요? ・170 | 4. 모란장 할매 ・171 | 5. 정희표 라면 ・179

10장. 어머나! 주님이셨군요?

1. 작은 예수들 ・182 | 2. 알아차림 ・183 | 3. 법륜 스님과 황창연 신부님 ・185 | 4. 스테파노 ・186

11장. 지금 여기에서 행복하겠습니다

시 : 〈당신이 주신 세상〉 ・190 | 1. 사랑한다는 거 ・191 | 2. 깔깔정희 ・193 | 3. 사랑이신 하느님 ・194 | 4. 뭐라고 지발 말 좀 혀 봐유! ・196 | 5. 준비운동 ・200 | 6. 마음자리 ・202 | 7. 내 힘이 아닌 하느님의 힘으로 ・203 | 시 : 〈고백〉 ・205

에필로그 ・206 | 자기소개서 ・209 | 나는 어떤 사람인가? 나는 사랑하고 있는 중(ing)인가? ・216

1장

당신은 지금
어디 계신가요?

1. 세월호를 기억해 주세요!

영화 '생일'을 보았어요.
한국 사회의 두 얼굴!
소름 끼치는 설경구란 배우의 연기!
다시는, 다시 또 그의 연기를 볼 자신이 없습니다.
내게 용기가 없기 때문이지요.
주님, 우리는 정말 불행한 민족입니다.
이 땅의 위정자들은 대체 언제 무덤으로 들어갑니까?
아아! 예수님! 당신은 지금 어느 뒷골목을 헤매고 계십니까?

우리들에게 응답하소서
혀 짤린 하나님
우리 기도 들으소서
귀먹은 하나님

얼굴을 돌리시는 화상 당한 하나님
그래도 내게는 하나뿐인 민중의 아버지

하나님 당신은 죽어 버렸나
어두운 골목에서 울고 있을까
쓰레기 더미에 묻혀 버렸나
가엾은 하나님

얼굴을 돌리시는 화상 당한 하나님
그래도 내게는 하나뿐인 민중의 아버지

예수님 당신은 아시지요? 제가 세월호 아이들에 관하여 뒤늦게 알게 된 그 어이없고 기가 막힌 사연을!

조울증을 동반한 알코올 중독으로 수년간 갇혀 있던 병원은 일체의 뉴스와 시사프로를 차단하고 환자들에겐 오락 위주의 연예프로만 틀어 줬다는 것을요. 드디어 그 알코올 병원서 석방이 되어 집에서 티브이를 보며 놀다 우연히 보게 된 세월호 참사! 처음엔 저게 도대체 뭔 소린지? 말은 되는 소린지! 언제 적 애긴지를 감을 못 잡다 한참 후에야 감을 잡고 나선 하도 어이없고 기가 막혀 수건을 꺼내 쥐고 혼자 통곡하다 친구에게 전화했었지요. 통화가 된 친구는 이런 날 '뭘 그렇게 새삼스럽게 통분은 하고 그러느냐?'는

듯이 무척 뜨악해했어요. 오! 나의 예수님! 알코올 병원서의 3년은 내게 죽은 시간이었어요!

근데 예수님, 당신은 그날 어디 계셨던 거예요?
아니, 그날 대체 뭐 하셨어요?
화가 나네요. 정말!

2. 배우 김혜자

가진 재주를 업으로 돈을 벌어 그 번 돈으로 지구에서 병들고 굶주린 이들을 찾아다니는, 노후의 삶이 너무도 아름다운 배우 김혜자씨가 방송에 나와 그 빛나는 눈으로 가만히 말씀하시네요.
"예수님이 저희보고 항상 깨어 있으라고 했잖아요? 그 말은 나 예수를 욕 먹이지 말라는 말이잖아요."

김혜자라는 배우, 참으로 사랑스럽고도 보석 같은 배우시네요! 상대를 설득하는 화술이 기가 막힌 배우 아닌가요? 수십 년 교회라고 가방 들고 댕겨도 안 일던 신앙이 이 배우 덕분에 쬐꼼 생기는 거 같아요. 그래서 그러는데요 예수님? 나도 하느님을 만나고 싶어요!

   환자 간병이 업이 되어 대학병원에서 주야로 24시간을 일하고 있어요. 예수님도 아시다시피 저란 여자, 남들에 비해 모지란 게 참으로 많잖아요? 정말이지 하느님 찾을 정신이 없었어요! 찬찬치 못한 제가 덤벙대다 간병은 커녕 자칫 고객의 병을 크게 악화시키는 일은 또 저지르지 않을까? 그야말로 노심초사해가며 뺑뺑이를 어떻게나 정신 사납게 돌았는지 정신 차려 보니 어느새 3개월을 넘겼네요. 말만 3개월 차이지 아직 뭐가 뭔지도 잘 모르는 채 그 흔한 초짜들이 걸린다는 몸살도 내겐 비껴간 거 같아요. 그리고 예수님도 아시다시피 그간 내가 남들에 비해 현저하게 떨어지는 기억력을 안 들키려고 우스갯소리로 얼렁뚱땅 넘어갔던 눈물 어린 밥줄 지키기야 말해 뭣하겠어요? 그건 그렇고요 예수님, 아침잠 많은 제가 요즘 직업상 일찍 일어나게 되어 교회 가서나 하는 거라고 여기던 새벽기도를 하게 되었는데요? 하느님한테 기도를 하고는 밖으로 나가 새벽공기를 쐬다 보면 하늘엔 아직 별이 총총! 세상이 어찌나 아름다운지요! 불과 서너 달 전의 하늘과 똑같은 새벽하늘일 텐데 말예요. 내가 하느님을 만난 것일까요?

하느님께 군더더기 없는 기도를 드릴 수 있도록 예수여 날 깨트리소서! 아둔한데다가 욕심까지 많은 못생긴 종이오나 이 복잡한 종도 언젠가는 "나도 하느님을 만나고 싶어요!"라는 어린아이의 기도를 하게 되기를.

3. 나보다 높은 놈

어제 저녁에 환자 간병이 끝나 귀가했는데 오늘 콜 받고 다시 병원 들어가요. 일명 '콜걸'이지유 뭐? 헤헤!
그래서 말인데요. 예수님 나, 하느님한테 '기도주문' 더도 말고 덜도 말고 딱 한 개만 하고파요.

"이번에는 밤에 잘 주무시고 똥은 낮에만 싸는 환자 만나 낮과 밤이 바뀌지 않는 그저 나만 신나는 날들을 내려 주소서. 믿습니다! 아멘!" (하느님 삐지시다)

"내가 니 돈 되는 환자 똥이나 조절허는 하느님이냐? 괘씸죄 추가하야 밤이고 낮이고 설사 똥 좍좍 싸대는 환자 만나 밤새도록 기저귀 포함, 침대보꺼정! 적어도 삼세판은 갈아 줘야 허는 징허고도 징헌 환자루 때리겠노라! 그잖아두 첨단통신인지 뭔지루 갈수록 희한꼴랑한 주문들이 늘어만 가구! 내두 아버지고 모구 간에 다 필요 없구, 사표 내 뿔고 이참에 좀 쉬구 싶었는디 말여! 근디 난 그 눔에 사표를 어따가 내? 누구한테 내? 나보다 높은 눔 있음 나와 보라고 햐! 우이씨!"

4. 사람은 사랑해야 할 대상이지 욕망의 대상이 아니지요?

예수님, 제가 환자 간병을 업으로 삼게 된 지가 거진 6개월이 다 되어 가요. 지금 장장 4시간에 걸친 환자 수술이 막 끝나서 환자는 병실로 올라오셨고 그 4시간 동안 제가 케어할 환자의 침상정리와 침대 난간에 호흡기 부착 등 병실서의 작업을 끝내놓고서 환자 아드님의 배려로 밖에 나와 놓친 점심을 먹어요. 다양한 사람들의 역시 다양한 질병으로 인한 환자들의 투병을 가장 가까운 위치에서 밀착해 도와야 하는 대학병원서의 간병일이 호기심 많은 저와도 다행히 잘 맞더라고요. 예수님 당신도 아시다시피 이 극성이 지루

한 일상은 또 못 견디잖아요? 아주 오래전의 교통사고로 크게 다친 머리로 퇴행되었던 기억력도 덕분에 꽤 좋아졌어요. 후후!

그나저나 예수님, 이 간병사란 직업이 난 아주 맘에 들어요. 적잖은 돈을 현찰박치기루다가 따박따박 받아 가며 몸도 이렇듯 회복되어 가니 이건 완전 꿩 먹고 알 먹고 라고나 할까유? 하하! 아무튼 병원서의 24시간, 이렇듯 다이내믹하게 전개되는 긴장과 잠깐의 와해가 난 정말 좋아요!

말이 나온 김에 예수님, 장애등급이 있는 제가 풍운의 꿈을 안고 요양보호사란 국가고시자격증을 따고는 결국 돈에 급! 약해져서 돈 마니마니 받는 간병일에 뛰어들게 되었는데요. 일을 시작하며 처음 맡게 된 환자의 간병은 내 장애를 들키지 않으려 그야말로 무식하게 몸으로만 때운 6주간이었어요. 이리하야 결론은 한 번, 두 번, 세 번 네 번째의 환자들을 간병하며 도무지 이번 환자가 몇 번째인지도 헤아리질 못하고 오늘까지 온 것이었던 것이었다!가 된 거걸랑유? 히히! 그런데 30대에 과부 되어 혼자서 자식 4남매를 키워냈다 하시는 이번 80대의 환자분에겐 유난히 정성을 쏟게 되더라고요. 가는 정이 있으면 오는 정도 있는지 밥때 되면 밥도 시켜주세요. 세끼 해결 되얏으니 저야 땡 잡은거이죠 뭐? 하하!

그건 그렇고요 예수님, 이건 여담인데요, 제가 부족하나마 나름 간병인으로 대체 뭐가 뭔지 적응하기 바빴던 첫 환자를 빼고는, 두 번째 환자부터는 간병일지란 것을 써 왔어요. 예수님은 아시죠? 내가 왜 의무사항도 아닌 다른 간병사들은 귀찮아서도 안 하는 일지를 쓰는지 말예요. 그것도 실시간으로 말예요! 그래요 예수님, 첨엔 기억력 장애가 있는 핸디캡 때문에 다른 동료들보다 엄청 떨어지는 기억력을 직장에 들키지 않으려는 내 자구책이었어요. 그러니까 내게 있어 시간대별 간병일지란 농땡이 치지 않고 맡은 일을 성실하게 수행했음을 병원 측과 보호자에게 보여 주기 위한 소기의 음흉한 목적과 환자에게 실행한 서비스를 몇 번이고 반복하는, 누가 봐도 이상할 어처구니없는 실수를 방지하기 위한 일종의 안전장치였지요. 그리고 예수님도 아시다시피 난 뭔가 끄적이기를 무척 좋아하고요.

  그렇게 간병사로 병원서 아슬아슬하게 돈 만드는 일이나마 하게 된 날들이 꽤 흘렀어요. 그런데 생활고 때문에 뛰어든 이 일을 하며 자칫 나태해지려는 내 맘을 늘 깨우는 구절 하나가 있더라고요. 어느 책에선가 보았던 '사람은 사랑해야 할 대상이지 욕망의 대상이 아니다'라는. 그게 맞지요 예수님? 네? 네?

이 시점서 이 아둔한 종은 '그것이 궁금하다'임다! 너무도 힘이 많은 나라는 여자에게 하느님은 왜 아픈 사람으로 오셨나요? 그건 숙제라고요? 으~ 예수님! 나 나머지 숙제 정말 싫어해욧! 잘 아시면서? 히히!

횡재

신년 운이 좋은 건지 어쩐 건지
내게도 암이란 작것이 얻어걸렸다
수술 후 몸만 쾌하면 벼르던 해외 나들이
꿈만 꾸다가

가만 보자아……
내가 받은 목돈은 약속한 보험금이 아니란다
장애인 고지의무 위반?
모집인 수당 환수하야 차 떼고 포 떼고 납입금 쥐꼬리란다
모집인 땀 흘리고 나는 피 쏟고!
피 한 방울 안 흘린 건
자이언트 그 양반 보험회사뿐

이것들이 사람 목숨 가지고 장난을 쳐?
아무리 궁리해도 뾰족한 수는 나서질 않고
재작년 땡볕에 뛰어다닌 보험아줌마와 횟술이나 처드실까?

그나저나 고 아줌씨 어떤 술을 좋아하려나?

5. 예수님 때문이에유!

　일회용 비닐장갑도 끼지 말고 맨손으로 자기 거시기를 닦으라는 할배 환자한테 대들다 나 병원서 쫓겨났어요! 보호자가 맡겨 둔 간식비도 떼먹고 일은 안허고 맨날 잠만 잔다나 뭐라나? 그 할배가 내가 소속된 간병협회에 꼬나바쳐서요, 우이씨!

　8인 병실인 이곳 다른 보호자들이 수간호사한테 '아니라고! 아니라고! 저렇게 꾀 안 피우고 성실한 간병인은 보다 보다 첨 본다고!' 암만 얘길 해 줘도 협회에선 막무가내였어요. 대학병원서 이런 일로 시끄러워지면 협회에도 지장이 있으니 조용히 그만두라네요. 하느님 망신시키지 말고 정직하게! 당당하게! 일 하라며 맬마다 잔소리하신 예수님이 백수 된 나 시방버텀 책임지세욧! 씩씩! 난 그저 그 할배 환자가 부인 몰래 만나던 애인이 전화를 안 받아서 전화기 한 번 쓰자고 사정사정하야 내 폰 한 번 빌려준 죄배께 없었는디유! 그리고 앞으론 그런 전화는 대신 못 해 드린다고 못 박은 매정함 밖에유.

　아니? 지가 그 할배 애인이라두 그래유! 예수님도 소위 헤드란 게 있으면 한 번 생각해 보셔유! 척추 다쳐 하반신 영영 못 쓰게 된

애인을 그녀가 만나겠어유? 행여나? 조강지처도 고무신 거꾸로 신는 마당에 말여유! 그래유 안 그래유? 머라구 지발 말 좀 혀 봐유. 장가 못간 우리 숫총각 예수님! 네? 네?

6. 기둘려 예서방!

예수님, 나도 그 흔하다 흔하다는 암에 걸려 수술받고 좀 쉬다가 목구멍이 포도청이라고 돈 버는 재미가 그중 쏠쏠한 간병일을 다시 잡았는데요. 사실 병든 사람 곁에 24시간 바짝 붙어 온갖 수발을 드는 일이 내겐 피를 말리는 일이었어요. 그런데요 예수님? 어젯밤엔 문득 이런 생각이 올라오데요? '피를 말려 가며 행복할 것인가?' '그냥 행복할 것인가?' 뭐든 경박하단 소릴 들을 정도로 결정이 빠른 내게 답은 간단했죠 뭐? '그냥 행복하자!' 히힛!

엎어진 김에 쉬어 간다고 나 기차 탔어요. 짜잔! 전남 강진에 있는 백련사를 갈 수 있는 KTX-호남선으로요. 그리고 예수님, 내가 죽고 못 사는 동백 보러 작년에도 찾았던 강진 백련사는요? 사찰을 중심으로 꽃의 개화가 기가 막힌 수백 년 넘은 동백나무들의 군락지라네요.

"기둘려 예서방!"

7. 부처님 품

백련사 템플의 숙소인 황토방에서 어젯밤 큰 대자로 누워 곤히 자다 한쪽 다리에 쥐가 와 그만 놀래 깼어요. 잠자리를 간 산 밑 토담집 거처가 내 곁은 물론 옆방도 비어 있어 적막강산이에요. 쥐가 올라오는 왼쪽 다리를 쥐고는 급히 수습하다 순간 이런 생각이 올라왔어요.

"아! 이런 게 외로움인갑다!"

혼자만 호강하려 들어온 '백련사 템플스테이' 덤으로 따라온 이런 사치스런 고독마저 받아들이지 않는다면 내 욕심이 과한 거겠죠? 이제 막 새벽예불을 시작하는 목탁 소리가 맑고 힘 있게 산사에 퍼지고 있네요. 날 기어이 이곳으로 기어들어 오게 하신 나의 예수님, 정말 감사해요! 부처님 품 안에서 푸욱 쉬고 병든 몸과 마음 회복하여 천천히 귀가하겠습니다.

8. 부활

　방 안 달력을 유심히 보다 보니 이번 주가 부활주일이네요. 쓰잘데기없는 별 잡다한 생각으로 온전한 쉼이 되지 못한 이곳 백련사에서의 템플스테이도 이제 나흘 남았어요. 확실한 건 욕심으로 인한 에너지의 낭비는 몸을 상하게 하고 특히 눈에는 직격탄이더군요. 메모하느라 폰을 잠깐 디다 봐도 눈이 괴로워해요. 남은 기간 몸이 좀 회복되려면 하느님이 펼쳐주신 이곳 강진 백련사의 자연의 소리에 귀 기울여야 할 터인데 역시 침묵이 가장 좋겠죠?

　뭘 해도 시끄러운 이 미카엘라마냥 속없이 떠들어 대지 않고 늘 조용히 일하시는 우리 예수님, 새소리와 바람 소리, 풀들의 낮은 속삭임과 벌레들의 사각거림, 그리고 산사의 종소리를 제대로 잘 들으려면 내 입은 당연히 밥 먹을 때와 묻는 말에나 답 허느라 잠깐씩만 열려야겠지요? 그리고 나면 또 아남유? 지두 부활할지 말여유! 하하!

9. 구도

목탁 소리에 잠이 깨어 툇마루에 나와 앉았어요. 목탁 소리 잦아들며 게으르게 둔중하면서도 맑은 징 소리가 한적한 객들의 처소를 힘 있게 건드리네요. 어젯밤에는 밤하늘에 별 한 점이 없었어요. 봄 날씨치고는 후덥지근했던 것이 아마 비를 부르고 있는가 봐요.

오늘이 이곳 백련사 템플스테이를 신청하고 입소한 지 나흘째 맞게 된 아침인데요, 하루를 여는 이곳 스님들의 목탁 소리와 역시 그 하루를 얻기 위해 쉼 없이 신호를 주고받고 있는 각기 다른 새들의 아침 지저귐을 들으며 문득 우리 인간들이 표현하는 새들 각각의 울음소리인 의성어란 게 그 얼마나 빈약한 것들인지요? 실소를 금치 못하고 혼자 웃었어요. 아니, 방금 이 극성 미카엘라가 새로운, 그러나 근거 없는 사실 하나를 발견했네요. 여느 교향곡 못잖게 장엄하게 울려 퍼지는 스님들의 목탁 뚜딜기는 소리가 요 새들의 '새벽교향곡'을 탄생시킨 건 아닐까? 하는 좀 더 확실한 추측 말예요. 조류학회에 보고할까 봐요. 또 알아요? 연정희, 이러다 조류학계 학술지에라도 이름 석 자 올릴는지요? 하하!

언제나처럼 새벽 5시면 단잠을 깨우는 이곳 백련사 스님들의 예불 소리로 오늘 내겐 이런 생각이 처음으로 올라왔습니다. '남들 한창 달콤한 잠에 빠져 있을 시간에 깨어 일어나 가사장삼 줏어 입고, 쓸어 넘길 머리카락은 없으나 눈곱 떼고 얼굴 벅벅 문질러 처소를 나와 새벽별 따라가며 대웅전에 나앉아 경전을 읊는다는 거. 또 그 소리에 맞추어 일목요연하게 목탁을 뚜딜긴다는 건 정말 보통 일이 아니겠구나! 그들의 눈이 빛나는 건 다 이유 있는 섬광이로구나!' 하는.

그나저나 허는 일 없이 열심히 밥만 축내는 요 미물보살은 낯이라도 씻고서 아침공양 하러 가야겠어요. 우리 예수님도 OK?

10. 향내

경내 매점에서 연꽃무늬의 향꽂이를 샀어요. 종무소에서 약 30분간 수다 떨다가 향 열개도 얻어 왔지요. 알만한 사람은 다 알고 있는 요 '성화동 뻥뜯기'가 말여유. 지금 내가 머무는 처소는 피어오르는 향내로 가득 찼어요. 창문 넘어 뒤꼍의 흙내와 함께 향 내음이 정말 좋으네요! 어려서 엄마가 무당 불러 하곤 했던 푸닥거리부터 역시 엄마 따라 서울 근교에 있는 작은 암자를 혼자만 극성떨어 가며 종종 따라다닌 나로선 이 향내에 아주 익숙해요. 다른 형제들에 비해 유별나게 좋아하기도 하고요. 내 마음이 무척 평안해지더라고요. 사람, 나이 들면 익숙한 게 좋잖아요?

자아 난 이제 처소 창가에 향 피우고서 낮잠 한숨 때려야겠어요. 당근 주 안에서? 후후!

11. 인연 1

불 피워 따듯해진 방에 가만히 누웠어요 예수님. 창밖 산에서 들리는 온갖 소리들에 귀 기울이며 여느 사람들 한 번 갖기도 힘든 두 번의 템플스테이 기간 동안 운 좋게 얻어 걸린 이번 기회에 '무엇 한 가지를 생각하며 지낼까?' 하는 상념에 젖다 보니 '인연'이란 단어가 떠오르데요? 나란 여자, 이 나이 되도록 셀 수도 없이 많고 많은 인연을 맺어 왔을 터인데 말여요. 그래요 예수님. 그런 시간을 가져야겠어요. '난 과연 그 인연들을 어떻게 맺었고 또 왜 절연해 왔을까?' 그리고 '난 왜 그래야만 했을까?'를 처음으로 한 번 돌아보는 시간 말예요! 그 인연이라는 단어를 마음에 담고서 남은 시간들을 침잠하겠어요.

저녁공양 마치고 오늘 하루 어울렸던 사찰의 동무들은 퇴근하느라 각자 헤어지고, 이제 또 혼자예요. 인생 결국 혼자인 거네요. 후후! 마침 저편으로 해가 져요 예수님. 백련사 템플을 시작한 날 마음에 담고 사색하기로 한 인연이란 단어를 떠올려요. 아니여요, 사색 어쩌고 할 것도 없이 오늘도 쓰잘데기 없는 인연, 나 참 많이도 만들었어요. ?표로 남기겠어요.

평생을 외로우셨을 나의 예수님!

인연 2

공양간으로 밥 얻어먹으러 댕기는 길에 오며 가며 쥐포로 인연 맺은 개 두 마리의 이름이 '보리'와 '해탈'이에요. 담에 혹 예수님도 이 절에 오시면 "보리야. 해탈아." 하시면서 곰방 친해지셔요. 예수님이 이 미카엘라와 친하다고만 하시면 아마 고놈들도 꼬릴 세차게 흔들 걸유? 손 내밀어두 침만 엄청 발라 놓지 절대 안 물으니 한 소심 하시는 우리 예수님? 걱정일랑 붙들어 매시랑께로? 하하!

12. 번뇌가 보리

다음은 낮에 스테파노와 한 톡이어요.

- 좋은 추억이 되겠네요. 늘 당신한테 잘해 주지 못해 미안해. 즐겁게 있다가 오서.
- 살살 빠져들던 달콤한 낮잠을 깨우고 지랄이여. 지랄이!
- 또 미안한 짓 했구려. 휴대폰은 잠시 꺼 두서.
- 깻어라! 거 순대락두 싸 짊어지구 드올 걸 발싸 비린 거이 묵고 잡아 죽을 지경이요!
- 번뇌가 보리라 했소. 해탈하시오!
- 흥! 원하든 바이오. 우리 다시 보지 맙시다. 흐흐!

13. 알아차림

아침에 눈을 뜨며 '한때의 더러운 욕망은 평생 자기 발목을 잡는 아킬레스건이 되겠구나.' 하는 생각이 떠올랐습니다. 하여, 내 안의 바램들이 위선을 버린 참된 희망사항인지, 아니면 이 복잡한 종의 더러운 욕망인지를 하느님께 응답받는 템플스테이가 되도록 집중하겠어요. 따라서 하느님이 나를 사용하시는 것인지, 하느님을 내가 편의에 따라 이용하고 있는 건 아닌지를 알아차리는 남은 열흘간의 침묵을, 예수님 나와 함께 하소서!

14. 보고파요 예수님!

다음은 제 환자 옆 침상 환자의 처제라는 분이 모시고 온 목사님이 기도하시는 장면입니다. 기도가 너무도 길어 벽시계의 분침 가는 걸 주시하게 되었는데요? 현재 시각으로 장장 40분 째예요! 지루하기도 했지만 옆에서 듣기 민망하여 난 그냥 병실서 슬쩍 빠져나왔어요. 기도 내용이 무지하게 구체적이었거든요. 후후!

"주님 우리 집사님 폐에 있는 염증과 콩팥에 있는 염증수치를 하루빨리 내려 주시고요. 병원서 처방한 약들로 인해 집사님 간에 손상이 가는 일은 없도록 살펴 주시고 밤에 잠도 잘 주무시기 힘드시다는데 수면제 안 드시고도 아침까지 푹 재워 주시고, 퇴원하고 직장으로 복귀하시더라도 우리 집사님 야간근무하시는 거에 지장 없게끔 수면리듬일랑 틀림없이 정상으로 돌려 주시고요. 오랜 입원 기간으로 기력도 많이 쇠하셨을 텐데 우리 집사님 하체 근력부터 서서히 회복시켜 주시길 바라옵고!"

이루시루 하시는 기도 내용은 의사가 따로 필요 없을 만큼 기타 등등의 의학지식이 상당한 것이 아주 디테일하데요? 조용조용 기도하시는 것이 일단 병실에 오면 다른 환자들의 종교가 무엇이든 아랑곳없이 그저 뒤떠드는 목회자와는 달리 일단 교양은 있으신데 내가 느끼기엔 엄청 바쁜 우리 예수님, 정신 사나우시겠더라고요. 먹고 사는 것도 참 여러 가지, 지금 시대 목회자는 환자에 대한 최근 정보는 물론 치료과정이 포함된 의학정보까지 미리 다 학습하고 와야 하니 그 삶이란 게 참으로 고단하시겠다는 안쓰러운 생각에 슬며시 고갤 돌려 웃었어요. 허기는 요즘은 인터넷으로도 거의 모든 의학지식의 검색이 가능하니 안 될 것도 없을 터! 하느님 앞에 납작 엎드려 병든 이에게 하느님이 당신을 사랑하심을 장황하지 않게 진심 어린 기도로서 알려주시는 목회자가 새삼 그리웠어요!

앞 침상에도 교회에서 심방을 오셨네요. "우리 *** 권사님, 아침에 수술 받으셨는데 실밥 터지지 않게 해 주시고, 병원에 계셔도 권사님네 가게는 장사 잘되도록 아버지가 그곳에 임해 주시고, 이번 취직시험 본다는 큰 아드님께서 반드시 합격하게끔 주님이 함께해 주시고, 여기 간병 하느라 수고하시는 간병인은 없는 힘도 내게 하시고, 어쩌구저쩌구…"

20여 분간을 이어지는 기도, 우리 하느님 성품이 그나마 무던하시기 망정이지 쫌만 승질 급헌 분이었음 어쩔 뻔했겠어유? 왕짜증 내믄서 다음 순서 기둘리는 기도타자헌티루 가셨을 거 아녀유? 휴우!

15. 오 주여!

예수님, 장애등급이 있는 내가 고속철도, 국립공원, 고궁, 어린이대공원, 영화 연극 관람부터 국립 미술관 입장료에다 결정적으로 이동전화 할인꺼정 다 되어 국가에서 주시는 그 혜택 부지런히 챙겨 가며 그렇게나 싸돌아 댕겼는데 통장 잔고가 십만 단위씩 남게 되는 비결이 대체 뭡네까?

우리예수왈

"이것 보셔, 그대일랑 돈 벌 시간만 있지 돈 쓸 시간은 밸루 읎지 않어?"

예? 오 주여! 시베리안허스키씨확발라먹을포도같으니!

죄송함다! 예수님. 나 오늘 주간환자 맡은 덕에 다른 직장인들처럼 정상출근, 정상퇴근하고서 간만에 맥주 한 잔 했음다! 그리고 한 잔, 아니 석 잔을 내리 들이붓고는 얼큰해진 김에 올리는 말씀인데요? 안 되겠어유! 오늘은 지도 좀 따져야겠어유! 하느님이란 아버지는 왜 내게 고통이란 진상을 먼저 주시고 기쁨이란 선물은 맨 나중에나 감질나게 주시는 거예요? 나 정말 몰라서 그러는데 좀 갈켜 주세요. 네네?

예수님 잔머리 쓰시다. "고통 뒤의 기쁨은 배가 되느니라!" 왜유? 왜 그렇게 되는 건디유? 고건 또 뭔 이치래유?

씩씩!

(2장)

난 어쩜 좋아요?

백련사의 비 1

백련사에 비가 내린다
단풍 든 가을부터 찾은 이 절간
봄비 맞는 백련사가 이리도 아름다울 줄이야
비만 맞고 가거라
털지는 말고

아미타불!

만경루

천년사찰 백련사를 내 집 들듯 드나들면서
공양간 가는 한쪽 길가에
바다를 저리도 의연하게 내려다보는
당당한 요사채가 있는 중 내는 몰랐다

세 번째 누린 템플스테이
그저 밥만 처먹을 중 알았지!
보리와 해탈이와 놀 중만 알았지!
저기 저 바다를 호령하는 천년누각이
이리도 당당할 줄 미처 몰랐다

으이구 이 식충아
아미타불!

1. 불심

아침공양하고서 백련사 경내를 산책하고 처소로 돌아와 따순 차 한잔을 마시려 하니 마호병이 안 열려유. 몸은 시리지 맴은 급하지 워칙혀유? 누구 따 줄 사람 읎나 허구서 물병 들고 막 고무신을 꿰 차려는디? 종무소 사무장님이 지나가시데유?

"사무장님, 나 이것 좀 따 줘유."
"이리 주세요."
'사알짝 톡!'
"어머나! 난 왜 안 되는 거죠?"
"보살님이 너무 잘 잠과서."
"근디 사무장님은 워칙히 따신 건디유?"
"불심으루다."
"네?" 멍…
"졌어유. 하하!"

2. 보약빨!

아침공양 늦게 가 그 좋아허는 밥을 못 읃어 먹어 빵이나 먹어야겠다고 투덜거리며 처소로 돌아오니 툇마루에 고양이가 고거 하나 남은 내 통밀빵을 뜯어 먹고 있더라구요 글쎄!

"어머나! 얘 너 뭐야?"
검은 얼룩에 팽이일랑 당근 도망갔겠죠? 엄청 미안하데요! 빵을 잘게 뜯어 접시에 담아 뒤꼍에 슬쩍 밀어 주었어요. 안심하고 먹으라고요. 예수님, 나 잘했죠? 잃어버려 사방 찾으러 댕겼던 치즈도 찾았고요. 요놈들, 그 좋은 냄새로 가져는 갔을망정 지들이 뭐 뚜껑 열 재주가 있었겠어요? 사방으로 할퀴어만 놓고는 툇마루 밑에 패대기쳐 놨더라고요. 공양간 보살님 눈치 봐 가며 몇 번이고 냉장고를 뒤지던 짓도 이제 안 해도 되어요. 치즈도 확보해 놓았겠다 나 시방 툇마루에 앉아 데어 온 보약 먹어요. 그럼 오늘도 신명나게 극성 떨어가며 나댕기겠어라! 보약빨루다가유. 호호!

예수님 참! 여 있는 동안은 처소를 빙빙 도는 팽이들일랑 지가 책임지겠어요. 공양간서 비린거이럴 최대한 읃어다 맥이쥬 뭐. 아시쥬? 지가 헌다믄 허년 극성극성 상극성인 거! 새벽버텀 설쳐 댔

더니만 넘 졸려 한숨 자야지 안 되겠네요. 아마 여 백련사 땡중들도 시방 쳐 주무실 걸유? 뻔하쥬 뭐? 호호!

3. 영양갱

　꿈 없는 잠을 잤어요. 제 처소 양옆의 처소들이 모두 비어 있어 이른 아침 새소리와 예불 소리 외에는 그야말로 적막강산인 템플스테이예요. 도어록을 설치하고도 안의 잠금고리까지 채우고야 잠자리에 드는 내 집 아파트에선 현관 밖 작은 소리에도 예민해지곤 했었는데 이곳 처소에는 들려야 목탁소리와 뒷창 너머 산 밑의 풀벌레 사각거리는 소리뿐. 이상하게도 마음이 평화로워요. 그간, 알지도 못하는 누군가를 경계하는 것으로 내가 참으로 많은 에너지를 낭비하며 살았었구나!를 알게 된 템플스테이인 거 같아요.

　방문을 여니 누군가 영양갱 한 개를 툇마루에 살짝 올려놓고 가셨는데 오나가나 이눔에 인기는! 엊저녁 공양간서 잠깐 말 섞은 파르스름하게 민 머리가 좀 우습게 울퉁불퉁, 입매 수줍게 생긴 젊디젊은 스님은 아니겠지라? 히힛!

공양간 보살님

부침개 하나락두 더 읃어먹을까
친한 척 사흘간을 치대다가
요런 날 알아서 챙겨 주는
스님들 밥만 해 주기엔 달덩이 그 얼굴 눈이 다 부신
공양간 보살님

나 먹으라고 챙겨 주신 흰 우유 한잔
스님들은 이 우유도 안 드시려나?

드시면 안 되지이
흥! 엄마 젖은 어찌 먹구 자랐누?

4. 묵언수행

공양간 보살님이 적극 추천한 노래자랑 나가기루다 헌 담부터지 묵언수행인지 머시긴지넌 포기했어라! 이미자의 동백아가씨로여 전남 강진군 백련사길 145번지럴 초토화시키구설라므네? 금 닷냥 받아 챙겨 마이홈으로 금의환향 허겠당게로!

"헤일 수 없이 수많은 바암을…." 짜잔!

5. 오라버니

우리 보조 작가인 '수연시다발이' 자판 치다가

"선생님. 여기 백 영기 목사님이라는 분 정말 대단하세요."
"뭐가? 뭐가 대단하셔? 허긴 뭐, 대단허기 보덤은 착한 분이시지."
"아니, 착하시기보담 힘드셨겠어요. 어엄청! 이 많은 기도문을 매일 읽으시느라. 선생님 해도 해도 정말 너무했어!"
"그려. 내가 극성은 좀 떨었지. 오라버니. 오라버니! 해감서 보통 극성 떨었간디? 착한 분이셔."

"그렇겠어요. 안그믄 그 목사님, 이걸 다 어트케 견뎠겠어요!"
"그려 그려."

오 주여! 요 극성극성 상극성을 이제 그만 용서하소서!

6. 허당 정희

예수님은 아시죠? 내가 시장가서 떡 파는 할매에게
"할머니 그 떡 맛있어요?"
묻고는
"맛있지."
란 말을 들으면
"할머니 나 그 떡 마아니 주세요!"
하고는 많이많이 사 갖고 오는 허당이란 것을요.
아니? 자기가 파는 떡을? 손님이 맛있냐고 물으면?
'맛없다고! 맛은 없지만 사 가라고!' 할 멍청이가 세상에 있을까요?

어쩜 좋아요 예수님? 요 허당 정희를!

7. 예수님, 나 잡부 시켜 주시랑게로?

　어제는 며칠 전 우연히 발견한 '늦봄문익환' 학교에 가서 죙일을 놀다 왔어요. 학교를 알게 된 건, 3일 전에 강진바다를 구경하러 가던 작은 에피소드 때문이었어요. 난 개인적으로 여기 천년사찰 백련사의 가장 으뜸이라면 저 멀리로 기가 막힌 강진만이 펼쳐지는 만경루라고 생각하거든요. 그래 오늘은 기어이 택시기사님을 불러 누각에서 내려다본 바다를 가자고 했죠. 드디어 기사님의 노련한 출발엔진 시동으로 바다를 향해 한 3-400m쯤 갔을까? 팻말 하나가 보이데요? 너무 놀라 제가 그만 기사님 등짝을 짝! 때렸지 뭐예요?

"기사님 기사님! 저기요! 쫌 전에 지나친 쪼기로 다시 좀 가 주세요."
"왜라? 바다 가자 안 혔소. 회 묵는담서?"
"아이 지금 바다가 문제예요? 회가 문제냐구요?"
"아니 그럼 뭣이 문제다요? 강진바다 가서 회잠 묵겄다고 비싼 택시 불러 타구감서 바다 먼첨 가시야제? 가시다 또 워딜 들르것단 것이요 잉?"
"아이 참! 그땐 강진에 저 학교가 있는줄 몰랐을 때고요. 저 문익환목사님 엄청 좋아한단 말예요. 얼렁 차 돌려주세욧 기사님! 네?"

"하 참! 요상시럽네! 목사가 고로코롬 좋으요? 그럽시다 그럼. 아! 나가 서울아줌씨헌티 인기 없넌 운전질 말고 목시질이나 헐 걸 그랬소?"

"네? 네에. 운전질이 어디가 어때서요? 기사님도 훌륭하세요! 문익환 목사님이 젤루 좋아했던 사람이 운전질 잘하는 사람이란 거 모르시죠? 킬킬!"

"머 그런 말이 다 있소? 아줌씨겉은 사람이 나겉은 무지렁이 놀렸다간 하느님헌티 혼줄나지 않겠소?"

"진짠데…"

아이들이 거침이 없네요.
"어디서 오셨어요?"
"왜 오셨어요?"
"언제 가실 건데요?"
아이들이 연장 들고 일하다 제 주위로 쫙 모여들데요. 나랑 딱 이이네? 고 호기심 많은 것이요.

예수님! 오늘은 문익환 목사님한테 반해 멀리서 가족이 아예 이사해서 삶터를 옮긴 중등 과정의 아이들을 만나 놀았어요. 도시 애들 안 하는 농사를 지어 쌀과 채소만큼은 자급자족하느라 손에 진흙 마른흙 묻혀 가며 일하고 지들이 놀 헛간도 만들어야 하고 또 주도적 학습이라나 뭐라나 때문에 도서관서 죙일 놀아야 할 일이 많은? 중등 과정의 아이들과요. 아이들이 일군 논밭이나 일터들도 좋았지만 이 독서광 연선생이 반한 건 늦봄문익환학교의 도서관이었어요. 누가 글쟁이 아니랄까 보아 그날 이후로 주구장창 연 사흘을 난 학교 도서관에 가 살았걸랑요 히히!

도서관에 구비해 놓은 도서들을 보면 그 도서관 이용자들의 수준을 어느 정도 알 수 있지 않나요? 그냥 이 학교에서 남은 내 여생을 주저앉히고 싶더군요. 예전에 시내에서 사회과학 서점을 몇 년간 운영한 경력이 있는 내가 보아도 분류해 비치해 놓은 도서들이 뭐 하나 격식 갖추느라 끼어 넣은 전시용 전집 하나 없이 시립이나 중앙도서관에 비하여 작은 규모로는, 소장 도서들 수준이 최고더군요! 특히 내 맘에 쏙 들었던 것은 니스칠하지 않고 정성껏 문질러 닦아 반질반질하게 윤이 나 있는 도서관 마룻바닥이었어요. 나도 아이들처럼 그 나무 냄새 배어있는 마룻바닥에 발라당 누워 한 세 시간 넘게 책을 읽었을까? 아마 '스콧 니어링 자서전'이었을 거예요. 아 글씨, 중딩들이 와서 논다는 도서관에 말예요! 우리 노땅들의 미래가 밝겠지요 예수님?

그런 의미에서 예수님, 나 오늘은, 머리털 나고 처음으로 '주시옵소서! 기도주문' 한 개만 할게요. 큼큼! 어델 가던 애들허고 잘 놀고 하다못해 개하고도 괭이하고도 만나자마자 잘 노는 친화력 껀내주는 요 연정희 미카엘라! 교장샘을 비롯 별빛샘, 향기샘에게 임하시어 이곳 늦봄문익환학교에서 문지기로라도 일 할 수 있도록 그들이 내게 그만 홀라당 반하도록 힘 좀 써 주시옵소서! 아멘!

가만 보자아아…. 내 기도가 너무 거창했나요? 아이구! 미안합니다 예수님! 감히 권정생 선생님처럼 문지기를 하겠다니요? 쉰여덟 해 동안 줄기차게 밥만 축내 온 얌체 중에 얌체가요! 그래도 예수님, 하느님께 말씀 좀 잘 드려 나 잡부 정도는 시켜 주시랑께로? 아! 지가 떼 쓰는 데는 타의 추종을 불허하는 한 극성 허는 한비야과란 거 예수님도 잘 아시잖여유? 하하!

8. 지 섬해라!

나 오늘 떠나요 예수님. 흔적 없이 왔다가 흔적 없이 가는 게 사찰의 예임을 알기에 머물던 방이나 처음 들어설 때 마냥 문 활짝 열어 이불 개고 걸레질 쳐 원상복구해 놓고서 빠트린 짐은 행여 없는지 점검하여 가방 매고 운동화 끈만 매면 되어요. 여기 백련사 열흘간의 템플스테이가 진흙탕 싸움하듯 살던 도시에서의 내 삶에 작은 전환점이 되었기를 바라는 간절함을 안고 다시 세상 속으로 씩씩하게 걸어가요. 여 부처님 들으시면 또 호통치시겠지요?

"네 이년! 세상 안과 밖의 구분이 어데 있다구 요 소란이냐? 소란이!"

다시 길 떠나려 거울 보고 눈썹을 그리며 "부처님 나 눈썹 잠 이쁘게 나오게 해 줏씨요!" 허니 누가 내 뒤통수를 탁 치는 거여라.

'부처님이 니 눈썹이나 그래주넌 부처님이냐?' 함시롱!

연정희, 찍 쌋당게로? 하하!

백련사 찻집 영희씨가 헤지기 섭하다며 데워 준 맛존 쌍화탕. 근디유 예수님, 절집이라 결정적으루다가 지가 좋아허넌 계란노린자가 빠졌당게로? 지 섭해라!

9. 덜 갖고 더 많이 존재하라

산사에서의 마지막 날이에요. 꿈 없는 잠을 잤어요. 어젯밤엔 알람을 꺼두고 잤거든요. 새벽예불을 드릴 생각을 접었기 때문이지요. 엊저녁 공양간 보살님의 언질 때문이었어요. "그 분들은 독경에 집중해야 하시는데 암수술꺼정 받았다메 몸도 불편한 보살님이 예불이라고 드린다고 가서 난로도 끌어다 놓구, 전기방석은 있던 자리에 없구, 배도 안 허고 앉아만 있고 허면 스님들이 집중이 안 되거덩! 주지스님이 보살님보고 계시는 동안 그 전기방석 쓰다가라고 하신 말씀은 보살님이 생각하는 것처럼 부정 타서가 아녀. 그 스님이 을매나 대단헌 분이시간디?" 공양간 보살님과의 짧은 대화 후 전 또 그 대단하시다는 주지스님 뵙고 싶어 절간 여기저기를 쏘다녔던 부끄런 기억이 있네요!

저녁 공양 때 먹은 김치볶음밥이 맛있어 과식을 했더니 지금도 아랫배가 불편해요. 처소에 불을 켜니 머리맡에는 엊저녁 공양간서 기어이 싸 달래어 가져온 김치볶음과 밥 한 덩이도 보이고요. 과식으로 좀 부은 양손을 가볍게 쥐었다 폈다를 하다 평소 좋아하던 글귀가 떠오르데요? '덜 갖고 더 많이 존재하라!' 십여 년 전 무슨 책에선가 읽고는 그 뜻이 너무 좋아 살면서 떠올리곤 하여 주변인들에겐 기회가 닿을 적마다 나 잘났다! 고 종종 떠든 말이기도 하고요. 내가 장식으로만 품고 댕기던 그 말의 뜻을 다시 가만히 되뇌어 보았어요. 덜 갖고 더 많이 존재하라? 소유가 존재를 침범해선 안 된다는 의미겠더군요. 소유로 자신을 증명하려 극성떠는 비루한 내 실체와 겹치네요. 물질적 가난함을 내세우며 나의 지적 풍요를 널리 알리려고 설쳐 대던 교만한 내 자화상이요! 큰일 날 뻔했지요? 이러다간, 더 쫓아 댕기다간 주지스님께 지대루 혼쭐나지 않겠어요? 평소 어특허든 인정받으려 드는 날 그토록 안타까이 지켜보던 스테파노가 이런 날 보면 또 어떤 심정일는지요. 그래도 이렇듯 못난 모습에서 조금은 놓여나는 듯싶기는 해요. 배우 김혜자씨 말대로 "아무렴 어때요?"

그리고 예수님, 나 기운 나는 대로 세상과도 조금씩 화해할래요. 오빠 그놈만 빼고요! 애당초 자기들이 유발한 정신대 할머니들의 치욕과 굴욕의 삶을! 그 전쟁범죄를 사과는커녕 인정조차 않고 있는 일본을! 그 비양심과 야만을 이미 과거사이고 좋은 게 좋다고 우리 민족이 용서하면 절대로 안 되듯이 말예요. 나도 그 낯짝 빤빤한 놈을 쉽게는 용서 안 할래요. 한갓 개인사를 민족적 한과 비등하게 여기는 내가 좀 거창했나요? 아무렴 어때요? 아무튼지간에 오늘 하루는 마지막 템플스테이고요 그냥 조용히 마무리 하겠어요. 정신 사납게 여기저기 인사 댕기지 말고 말예요.

'소리 없이 왔다가 흔적 없이 가거라.' 방금 떠오른 말인디 멋있지유? 예수님, 네? 네?

10. 자존감

지가 하도 싸돌아 댕기다 본께 하나쯤 건진 게 있잖겠어요? 글쎄 나한테 불친절한 사람은 상처받은 사람이더라고요. 나 이제부터 상처 안 받을 자신! 아니, 상대가 줘도 나야 안 받으면 그만인 자존감 하나는 건져 갖고 집엘 가요. 이게 다 누구덕?

"땡큐 예수님!"

3장

미안해요 정말!

헛된 인연

동백이 뚝뚝 떨어지는 절정 보기 위해 찾은 남도는
아직 붉은 꽃 제 몸서 버리지 못해
바람 앞에 떨고만 있었습니다

여행짐 부리고 난 내 아파트 창가엔
누가 성질 급한 도시것 아니랠까 보아
붉은 꽃잎 후두둑 떨궈 낸 동백이 보였습니다

바람이 도와주지 않아도 가차 없이 제 몸 흔들어
이별을 준비하는 처연한 동백이
나 괜히 좋았던 게 아니었나 봅니다

세상 붉게 물들여
두근두근 뜨거웠을 할매들 설레게 하고
바닥마저 선연히 타오르게 하는 요 동백이란 작것을
굳이 물어물어 기차 타고 남도까지
찾지 않아도 될 뻔했습니다

나란 미물,
또 헛된 인연 만들고 말았습니다

1. 보살님 미안합니당!

　아침산책 하고서 처소로 돌아와 창을 활짝 열어젖혀 이부자리를 털어 개어 벽장에 올리고 목간을 했어요. 엊저녁에 본 처소 뒤꼍 마당을 붉게 물들인 동백이 생각나 가서 주워 왔지요. 주운 꽃을 담을 만한 마땅한 그릇이 없기로 조금 전 공양간 댓돌 옆에 있던 튼튼한 상자갑이 생각나 공양간 보살님 몰래 가져왔어요. 동백을 이이쁘게 가지런히 담아 처소 툇마루에 올려놓았지요. 오며 가며 보려고요. 커피 한잔 하자며 놀러 오신 공양간 보살님, 이 꽃송이들 보시고는 "참 예쁘네!" 하시데요? 달덩이 보살님 일하러 가시고 저 또 산책 댕겨올게요.

　햇볕보다 요 수다스런 새소리가 더 즐거운 산사의 아침이에요. 정말정말 고마워요 예수님, 내 곁에 계셔 주시어! 다만 아쉬운 건 강력본드만 있다면야 우리 예수님, 도망 못 가게 요 미카엘라 곁에 찰싹? 히히!

2. ?

저녁공양까지 마치고 오늘 하루 어울렸던 동무들은 각자 퇴근하여 헤어지고, 이제 또 혼자예요. 인생은 결국 혼자인 거네요. 마침 저기 서편으로 해가 져요. 백련사 템플을 시작한 날 마음에 담고 사색하기로 하였던 '인연'이란 단어를 이제야 다시 떠올리네요. 아니여요, 사색 어쩌고 할 것도 없이 오늘도 쓰잘데기없는 인연, 나 참 많이도 만들었어요!

?로 남기겠어요.

3. 그리움

그리움에 묵언수행을 잊고서 휴대폰을 켰어요 예수님!

"영란아 어디?"
"공장."
"뭐 해?"
"연습. 애들 연습 시켜. 공연 얼마 안 남았잖아."

"밥은?"

"먹어야지. 근데 거기 좋아?"

"글쎄에. 동백이 너무 좋으네. 나 동백꽃에 사족 못 쓰잖유 히히! 동백은 질 때가 젤 좋은데 그치?"

"왜? 넌 왜 지는 게 좋아?"

"몰라. 그냥. 동백 질 때 보면 뚝뚝 떨어지잖어? 붉은 꽃이 송이째 가차없이 뚝뚝! 그 장면이 난 처연하고 아름답더라!"

"푹 쉬다가 와 정희야. 아주 푸욱!"

"당근이지! 언제 너 시간 만들어 같이 하자. 여기 백련사 템플이 비용은 좀 비싸도 너 좋아하는 나물하고 생야채 찬들이 끝내주네? 산사 공기부터 날 밝으면 새소리들까지 정말 좋아! 요즘 힐링힐링 들 하잖냐?"

"형은?"

"넌 늘 형 걱정이드라. 자네가 데꾸 사셩!"

"애는?"

"끊자. 저녁공양 시간이여. 나 여기 절밥에 목숨 걸었에유! 넘 맛있어!"

"그래 정희야. 좋은 생각 많이 하고 몸도 추스릴 겸 푹 쉬다 와. 너 그동안 너무 힘들었잖어."

"됐네 이사람아 끊어!"

더 통화 하다간 울음이 터질 거 같아 그냥 뚝뚝하게 끊었어요. 예수님, 난 왜 영란이만 생각하면 눈물부터 날까요? 철이 덜 든 이십대 초반에 만나 뜨거운 청춘을 같이 보내며 우린 참 별 기가 막힌 우여곡절이 많기도 했다 싶어요. 지금 전 오영란, 그녀가 행복하면 나도 행복하니까요!

"소권사소권사! 나 주지스님헌티 작별인사함서 요 십자가 목걸이 선물허구 갈까? 섭섭잖게 말여. 내 그 높은 양반, 가사장삼 붙들고서 궁금한 거 죄다 물어감서 극성을 떨었으니 미안허기두 허고 말여. 그 큰스님 이 호기심 덩어리 피해 맨날 도망다니셨잖은가? 호호!"

"조오치요! 아무튼 우리 연집사님, 못 말린다니까? 혹시 맨날 주님 붙들고 우는 건 아녀? 집사님, 고거이는 아니되옵니다! 그나저나 거기 좋아요? 드시는 건 어때요? 절밥이 입에 맞으시나?"

"굿이지요! 다들 나 기둘리지 마시라고 전해 주삼! 잘만 되면 머리 밀 수도 있응께!"

"어머나? 그것도 아니되옵니다! 윤집사님 두고 그 무슨 망발을!"

"그니께 있을 때 잘들 허시지 그랬쎄유?"

"알써유! 내 우리 연집사님 오시기 전에 여 낭성은 기도빨루다가 확실히 잡아 놓을게!"

"보고 싶어요."
"지두 보고 잡네유."
"기둘려 소남수이!"

천둥벌거숭이 따로 없는, 눈치라곤 눈곱 떼고 찾아봐도 찾기 힘든 상극성인 나에게 좋은 건 좋다 하고 싫은 건 그 자리서 싫다고 말해 주는 친절한 소권사가 나는 참 좋아요 예수님. 어른이라고 절절 매지도 아이라고 경시하지도 않는 예의 바른 소권사가 난 참으로 좋아요. 사랑하는 집사 남편 무섭게 야단치던 카리스마 짱인 소권사에게 전 가끔 질투까지 나요 예수님! 가족들 위한 자잘한 집안일들 대충 해 놓고 친구와 영화 보러 잽싸게 집 빠져나가는 위풍당당 소권사가 슬그머니 존경스럽기까지 해요! 조그만 그녀 앞에 엎어져 그만 울음 터트린 날 가만히 안아 등 두드려 주던 커다란 소권사가 마냥 그리워요 예수님!

"카톡!"
스테파노에게 톡이 왔어요.

- 어! 잘 있지? 거긴 어트게 좋은가?
- 좋으네요. 아침저녁으로 산책도 하고 좋아하는 동백도 나 원 없이 봐요.

- 좋은 추억이 되겠네요. 늘 당신한테 잘해 주지 못해 미안해. 즐겁게 지내다 오셔.

- 살살 빠져들던 낮잠을 깨우고 지랄이여 지랄이.

- 또 미안한 짓 했구려. 휴대폰은 잠시 꺼 두셔.

- 껫어라! 거 순대라도 싸 짊어지구 드올 걸 발싸 비린거이 묵고 잡이 죽을 지경이오!

- 번뇌가 보리라 했소. 해탈하시오.

- 흥! 원하던 바이오. 우리 다시 보지 맙시다! 키득키득!

스테파노와의 통화를 끝내고 괜히 눈물이 났어요! 아버님 돌아가시고 작년엔 어머니마저 돌아가서 고아가 된 스테파노가 불쌍해서가 아니었어요. 수십 년을 그니 곁에 아내라고 살아오며 내가 정말 낙제점으로 산 아내였구나! 하는 회한의 눈물이었어요. 스테파노의 천성이 착해 망정이지 결혼 후 수십 년을 일방통행으로 요구만 하고 옆에 붙어 산 저란 아내를 어느 누가 이리 오래 같이 살았겠어요 글쎄! 스테파노에게 좋은 동반자가 되는 거, 아직 안 늦었죠?

하느님이 널 포기하시지 않는데 네가 왜 자신을 포기하느냐? 며 고집 피우신 예수님이 이긴 거 같아요! 늦게 항복해 정말 미안해요 예수님!

4. 그리움이라는 음식, 임지호 요리사

밥정이라는 영화를 보았어요. 한 요리사의 소소한 일상을 따라가는 다큐멘터리였어요. 그 연세에 어차피 가실 수 있는 분이었지만

"할머니가 집에 안 계셨어요."
라는 통화로 출연자였던 할머니의 사망 소식을 전하는 PD의 힘없는 목소리에 임지호 요리사 얼굴에 번지는 '아! 올게 왔구나!' 하는 충격과 뒤이은 커다란 슬픔이 보였어요! 사랑하면 알 수 있다는 예감이겠지요? 비록 불과 몇 개월 전 할머니를 취재 대상에 불과한 타인으로 만났으나 정을 받고 또 주게 되었던 소중했던 두 사람의 시간들! 누군가를 사랑한다는 거. 또 잃는다는 거. 저렇듯 인간을 향한 뜨겁고 순수한 마음 없이는 그가 최고의 요리사가 될 수는 없었겠지요? 그 요리사는 자기가 왜 요리를 하는지. 누구를 위해, 그리고 무엇을 위해 음식을 만들어야 하는지를 아는 요리사였어요! 그의 칼질에는 어려서 밑바닥부터 올라 온 경륜이 보였지요. 재료의 고유성을 훼손하지 않으면서도 재료 그 자체의 맛을 살릴 줄 아는 그는 최고의 요리사더군요! 일찍 여읜 어머니에 대한 그리움. 그 그리움이 지금의 그를 아니, 그의 요리를 만들었다 싶었어요. 직장에서의 그는 씻고, 다듬고, 자르고 등의 굳은 일도 아랫사람 안 맡기고 손수 하더

라고요. 그리고 보면 주방장이 높은 위치에서 간만 맞추는 요리, 자기가 최고라는 요리사의 음식에 난 이미 오래전에 흥미를 잃었던 거 같아요. 밥정을 보며 같잖은 재주 하나 믿고 세상 다 가진 듯 널을 뛰던 내 모습이 겹쳐져 몇 번이고 중지 버튼을 눌러야 했어요! 그리고 생판 남이었던 할머니의 제사상을 차리던, 농사꾼의 손마냥 거칠고 두툼했던 그의 손과 그가 만들 떡과 문어숙회. 조기. 나물. 전. 탕까지의 재료들을 모두 손수 준비하는 그의 모습이 참으로 거룩했어요! 사랑은 저렇듯 거룩한 수고로움 이겠구나!를 알게 됐지요. 세상 사람들, 오다가다 만난 인연에게 참 밸스럽다. 하겠죠?

하지만 예수님. 우리가 그래야 하지 않겠어요? 탐심이란 단어가 문득 떠오르네요. 난 이미 오래전부터 사람을 사랑이 아닌 탐욕으로 관계하고 있더군요. 사랑하는 사람들이 언제까지나 내 곁을 떠나지 않길 바라는 이 더럽고 끈끈한 욕망으로요!

5. 미안한 책임감

예수님, 늦은 감이 없잖은 고백이지만 난, 한 가정의 아내로서 그리고 엄마로서도 책임감이란 게 절대부족인 사람 같아요. 부모 탓할 나이는 이미 지났지만 굳이 변명하자면 한마디로 부모에게 배우질 못하고 자란 거겠죠. 본데없이 컸다고나 할까요?

요즘 난 그 책임감이란 단어를 놓고서 아니, 평소 존경하는 몇몇 분들을 중심으로 이 단어와 함께 연관 지어서 생각해 보는 시간을 좀 길게 가졌어요. 김구, 유관순 열사, 전태일 열사, 문익환 목사님. 가깝게는 이른 아침 6시면 정확하게 저희 집에 신문을 던지고 급하게 가는 아저씨. 현관문 열고 "고마워요!" 말하면 뭐가 그리 매일 미안한지 늘 "미안합니다! 미안합니다!"만 하시며 날 단 한 번도 바로 처다보질 못하는 그분은 지적장애인이시죠. 알고 보니 사실 그 책임감이라는 건 결코 무거운 게 아닌 무척 아름다운 단어이더군요. 사람을 진정 사람답게 하는, 어떤 억압에 의해서가 아닌 자기 삶에 책임감 있는 태도로 국가와 지역사회와 그리고 한 가정의 구성원으로 관계를 갖는다는 건 인간의 가장 아름다운 모습 중 하나가 아닐까? 하는 상념으로 난 오늘 하루를 열어요.

일어나야지. 일어나야지. 하지 말고 벌떡 일어난다! 다행히 날이 무척 춥네요. 정신이 번쩍 나게요 후후! 그런 의미에서 부지런한 우리 예수님도 파이팅?

6. 육십이 낼모레인 철 못 든 딸

자전거 타고 엄마한테 와서 동백아가씨를 불러 드렸어요. 앵콜이 나오데요? 지가 또 노래 한자락 하잖여유? 아씨, 섬마을 선생님, 여로…. 아예 이미자 메들리로 나갔죠 뭐? 늙은 내 엄마가 이러시네요.

"아이구, 저년이 은제 철들려나 그래?"
"엄마, 나 아주 어릴 적부터 무거운 거 안 들잖아!"
"저것 봐. 저거저거! 은제 철들어? 육십이 낼모레다 너? 금방이다 너?"

7. 부처는 아무나 되나?

용기 내어 주지스님께 머릴 밀겠다 했어요.
"보살님, 머린 아무나 미나!" 하시데요?

찍 쌌단게로? 하하!

8. 다시 길 떠나요

　벤치에 앉아 버스를 기다리며 산들바람 따라 새소리도 정겨운 산사의 주차장 공터예요. 객이라고 찾아와 메마르고 피폐했던 마음은 씻고 갈망정 적어도 하느님이 창조하신 이곳 산사의 장엄한 '숲과 개울'에는 쓰잘데기 없는 자취 남기지 않으려 애는 쓰다 저 다시 길 떠나요. 마지막으로, 공양간 오갈 때 봄볕 따순 댓돌 위에서 늘어지게 자고 있던 내 새끼들! 낮잠을 깨워도 꼬리 세차게 흔들어 날 반기던 보리와 해탈이, 끝내 내 접근을 허하지 않았던 새끼괭이들의 어미!
　그리고

"헤일 수 없이 수많은 밤을!"
내 느닷없는 소음을 가만히 지켜봐 준 찻집 앞 배롱나무,
내 너희들을 오래오래 기억하마!

회개

세탁기를 돌린다
아침이면 내 남편은 낡은 허물을 벗어 두고 거친 세상을 다시 살러 간다
7월 뜨건 물로 목욕한 정신 바짝 차려
차갑게 식힌 제살 껍데기 뒤집어쓰고
저 냉랭한 세상으로 12시간을
혹은 14시간을 살러 간다

엘리베이터 타러 현관 앞 긴 복도를 어깨 구부려 걷는 그에게 난
"댕겨오이소!"
어색한 아침 인사로 배웅을 하고

어제까지 벌어다 주는 돈에 비해 '구찮어 죽을 노릇!'이라며
투닥투닥 치우던 남편의 방을
베갯잇부터 침대보까지 살살 걷어 내 세탁기에 넣으며

"이사람 참 많이 외롭겠구나!"
혼잣말도 해 가며

내 남편의 허물을 살뜰히 쓸고 닦는다

세탁기를 돌린다
잔인한 세상까지 함께 넣어!

9. 낯선 귀가

집이라고 기들어와 현관 도어록을 누르고 들어서니 마루에 어디서 많이 본 이가 혼자 앉아 소주잔을 기울이고 있는 거예요. 잘 다녀왔냐는 무심한 인사도 없이 그저 날 빤히 쳐다만 보데요? 나 하마터면 "어머! 누구세요?" 할 뻔했지 뭐예요? 글쎄 며칠이나 됐다고 스테파노, 엄청 야위었데요! 그러게 옆에 있든 사람 종적 없이 사라져 봐야 귀헌 중 안다니께유! 내가 무슨 붙박이 장롱이라고 평생얼 그대가 집엘 드오면 집구석에 콕! 박혀 있을 중만 알았것쥬? 흥! 이라고 전해주세요. 절간 면도날로 머리넌 파르라니 밀고 서리 하이얀 고깔 뒤집어쓰고 먹구름 같은 바랑 짊어지고 나타나지 않은 것만으로두 그대 일랑 감지덕지 하시라고유 흥!

"자아! 이 장면서 신부가 이런 말을 합니다아? 신부는 과연 무슨 말을 했을까요?" 스테파노와 장발장을 시청했어요. 저희 부부 요즘 서로에게 퀴즈 내며 100원짜리 동전 따먹기를 하고 있거든요. 정답은 장발장이 자기를 먹여 주고 재워 준 성당에서 제수 물품을 훔쳐서 도망치다가 경찰에게 잡혀 다시 성당으로 끌려오게 된 시점에서 신부가 한 말이었어요.
"네. 정답. 정답! 근데 여보게 이 은촛대는 왜 안 가져갔나? 입니다!"

"네. 정답입니다! 연정희씨 보기보다 엄청 똑똑하시군요? 100원 따셨고 그럼 다음 문제 들어갑니다아!"

우리 오늘 이렇게 놀았어요. 예수님, 당신은 아시지요? 요즘 우리 부부가 서로의 깊은 상처를 치료하는 중이란 것을. 부모의 불화 속에 어린 시절 늘 불안하게 서성이던 사내아이 스테파노와 어린 계집애인 내가 오늘은 보였습니다!

전라도 황토흙에서 자란 섬초로 무친 시금치나물. 할매가 맛나다고 호언장담한 보릿잎 새순으로 끓인 된장국. 목포의 어느 장에서 사 온 달래 넣어 맹근 달래장. 할매가 농사지어 한 되박 퍼 준 동부팥으로 지은 팥밥.

부지런 떨어 가며 차린 밥상을 어린애처럼 수줍게 받아먹는 스테파노가 눈물겨웠어요! 넉넉히 무쳐 놨으니 어여 다 먹으라며 저분으로 자꾸만 집어 주었지요. 복도까지 배웅 나가 어깨 털어 주며 엘리베이터 안으로 스테파노를 밀어 넣고 돌아서 집 현관을 들어서는데 괜히 눈물이 났어요! 우스갯말로 엄마도 없는 불쌍한 고아, 스테파노가 불쌍해서가 아니었어요. 수십 년을 그니 곁에 아내라고 살아오며 내가 정말 낙제점으로 산 아내였구나 하는 회한의 눈물이었어요! 스테파노 천성이 착하기에 망정이지 결혼 수십 년을 요구만 하고 옆에 붙어 산 나란 여자를 어느 누군들 이리 오래 데꾸 살겠어요 글쎄? 아직 안 늦었죠? '하느님이 포기 안 하시는데 니가 뭐라고 사람을 포기하느냐?'며 고집 피우신 당신이 이기신 거 같네요. 너무 늦게 항복하게 되어 정말 미안해요 예수님!

난 정말 창피해요!

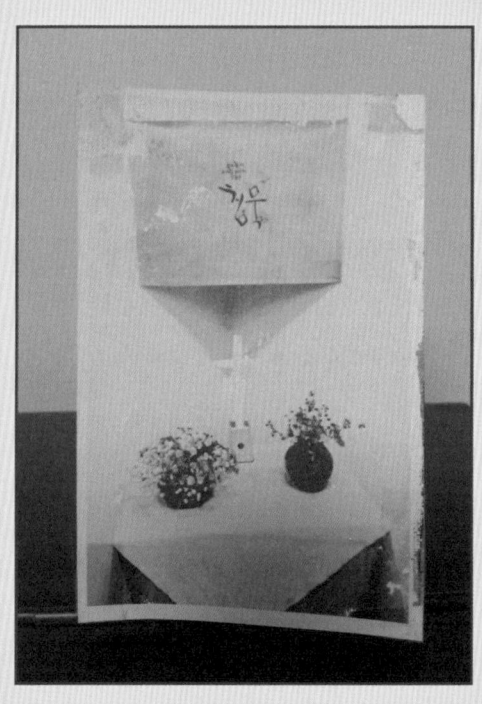

백련사의 비 2

천년고찰 백련사에 비가 내린다
봄비가 내린다
어쩌면 백년에 한 번만 핀다는 백련의 개화를 기다리는 요원한 비일지라도

한반도의 슬픈 역사
엄청난 한 세기를 서성이다
기어이 찾아든
반가운 손님일지도 모를
단비가 내린다

아귀지옥 속세에서
잠시나마 숨 한번 크게 쉬려 기어든
나 같은 보살에게도
이런 보살 행보지심으로 성불하실 땡중에게도
종무소가 밥벌이가 된 보살들께도
이 초여름의 싱그러움을 재촉하는 비는 내린다

새벽별 볼 수 있는 처소 앞을
내 음흉한 먹잇감에 길들여진 잿빛 고양이 한 마리 재빨리 지나가고
난 이 비를 피하고 있을 두 남자를 떠올린다

남편이라는 작자
아들이란 빚쟁이!

반가워 급히 던져 준 과자 먹으러 내 유일한 친구
잿빛 고양이가 오셨다

나란 중생,
언제까지 이 거친 항해를 하려 하는지

아미타불!

1. 하느님 망신

한 주가 다 가도록 어째 사고 안 치고 조용하다. 하셨죠? 이 눈치 빵점이 절간에서 드디어 사고 하나 크게 쳤지 뭐예요? 그 바쁜 주지스님 쫓아댕기며 장삼 붙들어 아무데나 앉혀 가며 "이건 뭐예요? 저건 왜 그러는 건데요? 부처님은 어쩌셨어요? 스님, 네? 네?" 해 가며 구찮게 구는 것도 모자라 정말 파렴치한 짓을 이곳 수도승들에게 저질렀거든요. 저 지금 혼자 있어도 얼굴 뜨거워 죙일을 방콕! 하고 이불 뒤집어쓰고 있어요. 사건의 전말은 이래요 예수님. 점심 공양 때였어요. 첨 본 샐러드에 생전 보도 못한 나물들까지 또 그놈의 감격이 지나쳐 혼잣말로 신소리라고 한 것이 그만! 스님들에게 약 3-4초간의 '동작 그만!'을 불러오게 한 거였어요.

"어머나! 맛있겠다. 나도 양심이 있지. 기도 없인 못 먹겠넹!" 밥상머리에 두 팔꿈치 올려놓고 두 손을 지그시 모으려는데 갑자기 공양간이 쏴~ 하데요? 제 건너 건너편 사선으로 놓인 식탁에서 아침 공양 중이시던 주지스님께선 벽을 향해 헛기침을 하시고 제 옆의 30대쯤 돼 보이는 여승께서 제 옆구리를 황급히 찌르며 "공양이나 빨리 하시죠. 보살님." 한마디뿐이었어요. 열대여섯 분은 족히 넘는 스님들과 여승들의 젓가락질 소리가 좀 신경질적으로 달그락

거리데요? 순간, '아! 나 또 사고 쳤구나!'를 알았지요.

    하느님을 증거 한답시고 어딜 가서도, 급기야 부처님을 모시는 절에 가서도 시끄럽게 찬송하고 통성기도까지 올리는 일부 기독교인들에게 여기 스님들께서 상처를 참 많이도 받으셨겠구나! 하는 뒤늦은 알아차림이요. 예가 아니었어요. 이곳 스님들이 마음을 닦는 수도자였기에 망정이지 나처럼 있는 공기나 들이마시고 주는 밥이나 처먹는 일개 범부 중생이었다면 난 아마 공양간은 출입 금지 당하고 삼시 세끼는 컵라면으로 때우게 되지 않았을까 싶네요. 모골이 송연하도록 낯 뜨거운 짓이었어요!

    그나저나 예수님, 요 모지란 종은 하느님 망신은 독판 시켰던 아침 지나 오후 때가 되면 배는 여지없이 고플 거이고 **빤빤헌 낯짝** 처들고 여 공양간을 또 어찌 들어서야 할는지…
    참으로 난감하외다. 후우!

2. 나는 어떤 친구입니까?

내겐 하나뿐인 친구가 있어요. 덕이 부족했던 긴 세월, 어쩌다 보니 친구라곤 그 친구 하나가 남았더군요. 천성이 착하고 모질지를 못하여 남에게 쉽게 거절도 아랫사람이라고 야단도 못 치고 구찮은 일, 차라리 자기가 한 번 더 하거나 당하고 사는 게 팔자 편한 그런 친구이지요. 타고나기를 순하고 정직한 성품에 외모조차 결코 남에게 빠지지는 않는 그 친구를 난 실로 오랜 세월을 자주 불러내어 귀찮게 하기도, 어디서 누굴 만나도 그녀가 무안할 정도로 친구 자랑질을 눈치 없이 하기도 해 가며 그녀 옆에 난 정말 오래 붙어 다녔어요. 그런데 어느 날 가만히 내 가슴에 손을 얹고 생각해 보았어요. '나는 과연 그녀에게 어떤 친구인가?' 하는 물음이요. 예수님, 난 혹시 친구를 장식품으로 여기며 관계해 온 것이 아닐는지요? 언젠가 쌍샘교회에서 주일예배를 보았을 때 백영기 목사님이 하신 설교 내용 가운데 그냥 넘기지 못했던 말씀이 있어요. 집에 오는 차 안에서 머릿속을 내내 우울하게 맴돌았던.

"친구는 내 슬픔을 등에 짊어지고 가는 사람입니다."

우리의 30년 우정이 친구에게는 정신적 착취에 가까운 나만의 일방통행이었다는 부끄러운 자각! 나의 유아적이고 독선적인 일방통행 말입니다! 예수님, 나 좀 창피한 줄을 알아야 쓰겠죠?

3. 작심 3일

여 모란장에서 욕조 있는 방으로 이사하고는 자축한다고 한잔 하고. 한잔한 김에 누군가에게 또 자존감 실종된 멘트나 날리고. 술이 웬수여라!

돈 생겼다고 푸고! 글이 잘 나온다고 푸고! 예수님, 술 사러 갈 때의 요 발목댕이럴 고만 똑 뿐지러 줏씨요!

"아이구 요 화상아!" 함시롱!

4. 못된 송아지

예수님, 남편 나가기 바쁘게 집안일 네놈 보살해 가며 팽개쳐 두고는 TV 전원부터 켜는 지가유 글쎄? 아침부터 출근하는 스테파노에겐 "오늘은 좀 늦으시면 늦는다! 밥 먹고 들어오시려면 저녁 준

비 하지 말란 전화 좀 지발 해 주시고!" 그게 아내에 대한 남편의 배려라느니 뭐라느니 '어쩌구저쩌구' 잔소리를 엘리베이터까지 따라가며 하더군요. 점심때는 지가 또 뭐가 그리 심심했는가? 관리사무실 뛰어가

"임대아파트 산다고 누구 무시하는 거냐? 뭐냐? 당신들 월급은 누가 주는데 그깟 보일러 점검 좀 해 달란 걸 이렇게 사람 몇 번씩이나 오르내리게 할 수 있느냐?"며 일하는 직원들 점심도 못 하러 가게 들들 볶았어요. 누구보다 자기 자신을 잘 아는 나를 고치지 못하면서 남을 뜯어 고치려 드는 이 못된 버릇이 '못된 송아지 엉덩이에서 뿔난다.'고 오늘 기어이 또 나왔네요. 휴!

5. 복잡한 종

어제는 교도소의 영호에게 편지를 부쳤어요. '내 영혼이 따듯했던 날들'이란 책과 '한국의 야생화사진첩'이란 책, 이렇게 두 권과 함께요. 지난번 그 아이가 교도소에 있다는 말을 아이의 형에게 전해 듣고는 면회를 가 만난 뒤로 근 한 달 만이에요. 그때의 면회는

영호가 고등학생일 때 본 것이 저와 마지막이었으니 얼추 20여 년 만에 다시 보게 된 것이었지요. 살이 무척 쪘더군요. 하얀 피부에 마르고 눈이 맑던 녀석이었는데요. 눈의 초점이 옛날처럼 총명치를 않고 탁해 보이는 게 간질을 앓고 있다 하데요. 마음이 아팠어요! 간질이란 질병을 십여 년간이나 시아버지 곁에서 늘 보아 어떠한 천형인지를 잘 알고 있는 나기에 말예요. 한창 꿈을 꾸고 미래로 뻗어갈 사춘기에 자기 형의 교통사고 건으로 보상금을 타 내겠다는 그악스런 엄마 손에 잡혀 공부는 뒷전이 되어 데모하는 데만 쫓아댕겨야 했던 영호!

더운 여름날 데모 쫓아댕기다 내가 하던 서점에 와서 냉수 한 잔을 얻어먹던 그 아이가 생각납니다. 20여 년 만에 버스에서 만난 그 아이의 형, 하반신 마비로 휠체어를 타고 데모대 앞에서 구호를 외치던 철호는 멀쩡히도 걸어 다니고 있었고 영호는 이 꼴이 돼 있더라고요 글쎄! 면회 가서 법륜스님의 '행복 찾기'란 책 한 권을 넣어 주고 왔었는데 내내 마음에 걸렸어요. 내게 편지하고 싶다며 집 주소를 묻던 아이, 아니 그 간질을 앓고 있는 마흔이 가까운 동생에게 난 주소를 선뜻 갈켜 주지 않고 편지는 아파트 관리사무소로 하라 하고는 헤어져 집에 왔던 게 말예요! 2년 뒤 출소하여 전과자란 소릴 듣게 될 그 애가 난 무서웠던 걸까요? 그리고 한 달여를 잊고 지내다 어제 갑자기 털고 일어났던 게지요. 예수님, 나 참 못됐죠?

그런데 예수님, 난 도대체 무엇이 두려워 그다지 애정이 갔던 아이에게 집 주소를 안 가르쳐 준 걸까요? 도대체 뭘 지키기 위해? 내가 평소 비난했던 이기적이고 비겁한 소시민과 조금도 다르지 않은 나의 실체! 설사 나중에 뭔 일을 당하더라도 내가 취해야 할 태도는 아니었어요! 예수님 당신이 살아생전, 죄인들을 자신의 안위 때문에 두려워하며 먼지 털어내듯 하셨던가요? 당신만 따라 생각하고 당신만 따라 행동하면 이리 복잡하지 않을 것을 이 사악한 종이 잠시 길을 잃었었네요! 난 지금 정말 부끄럽고 참담해요!

6. 값없이 준다는 거

오늘은 아침부터 스테파노가 찾는 용품을 찾아내어 정리정돈을 했어요. 아내로서 내가 방치한 부분이 참으로 많더군요. 안방에 있는 책장 하나를 비우고 거기에다 그의 생활용품을 넣어주었죠. 이쁘게요. 예수님, 당신이 하신 말씀이 떠오르데요?

"그가 너에게 해 주기를 바라는 것을 네가 먼저 그에게 해 주어라."

나야말로 스테파노와의 오랜 결혼생활에서 나만의 안위를 위해 그를 사용하시 않았는지요? 스스로를 잔뜩 미화시켜 가며 주변의 지인들을 이용의 대상으로나 여기고 관계하지는 않았는지요? 사랑하는 쌍샘의 교우들에게 선뜻 다가가지 못함도 이런 일말의 양심이 남아있기 때문이겠지요! 30여 년을 주변에 이만큼 징징댔으면 나도 이젠 사람 구실을 해야지 않겠어요?

7. 뻥쟁이 정희

너무 늦은 고백이지만 예수님 사실 난 뻥쟁이입니다! 그저 말로만 '하느님께 모두 맡기겠다'라고 입만 열면 거짓말을 하는 개뻥쟁이란 말입니다! 하느님을 믿고 다 맡겼는데 왜 여직 괴롭습니까? 도무지 앞뒤가 안 맞는 거 아임까? 말로만 장담하는 거요? 아 글씨! 누군들 못 하겠어요?

8. 신부님 강론

"교만은 거짓입니다. 교만한 사람은 열등 의식의 산물이고요. 결국 거짓의 사람은 스스로를 속이는 겁니다. 완벽한 사람은 없습니다. 겸손의 길을 가기 위해 자기의 부족함을 먼저 내보여야만 합니다. 자기를 자랑해서 은혜받을 수 있다면 바리새인들은 모두 구원받았을 겁니다!"

연정희 미카엘라? 뜨끔!

9. 천박한 행복감

예수님, 오늘은 제가 병이 든 사람들을 상대로 돈이란 걸 벌게 된 지 넉 달째 접어드는 날입니다. 지난 석 달 전에 일을 시작하며 크고 작은 질병에 시달리는 사람들을 바로 곁에서 돌보며 난 이런 생각에 빠져 일했습니다.
 '아니, 이 사람은 왜 이런 병에 걸렸을까?
 세상을 도대체 어떻게 살았기에 이런 질병에 다 걸리게 된 걸까

그래? 한심하다 한심해!'

　예수님, 난 질병을 천형처럼 짊어진 병든 그들을 돌보며 나의 건강함을 새삼 환기하곤 하는 안도감을 쭉 느끼면서 오늘까지 왔습니다. 내가 잘하고 있는 걸까요 예수님? 겉으로는 병이 든 그들에게 더할 나위 없이 선한 웃음을 지어가며 심지어 돌아서서 욕지기는 할망정 이런 것쯤이야 아무렇지도 않다는 대범한 표정으로 그들의 귀저기를 갈며 나는 엄청 선하고 똑똑한 간병사임을 은근히 과시하는 자기도취에 빠져있는 지금 내 모양이 진정 하느님 종의 모습일까요? '난 다른 간병사와 다르다. 난 교양 있는 지식인이고 돈보단 환자의 회복이 먼저인 휴머니스트이고 내 분야에서 배우기를 멈추지 않는 만학도이며 무엇보다 환자의 쾌유를 기도하는 신앙인이다.'라는 자기기만에 흠뻑 젖어 있는 지금의 내 실체! 예수님 내가 정말 잘하고 있는 걸까요? 오 주여! 난 지금 갈피를 잡을 수 없습니다! 이런 내 모양을 예수님 당신이 어떻게 바라보고 계실는지요? 거짓보다 위선을 혐오하는 당신! 예수그리스도님! 난 지금 어디로 가고 있는 겁니까?

　요즘 신혼인 후배와 헤어져 돌아오며 행복해하는 그녀와 같이 보낸 시간이 난 불행했어요. 남이 행복하면 불행해지는 내가 참으로 천박하게 느껴졌어요! 아니요 예수님, 난 천박한 인간입니다!

10. 잘난 척

늙고 병드신 엄마를 사흘째 간병하고 있었어요. 구순을 코앞에 둔 연세에 당신 몸에 '여기가 빤하면 저기가. 저기 빤하면 또 여기 아픈 것'이 억울하고 또 분하다는 엄마에게 제가 또 '나 잘났다!' 해 가며 대들었지 뭐예요?

"아니! 엄마 연세가 몇인데? 그 나이에 아픈 곳 하나 없는 게 이상한 거지요? 억울하긴 뭐가 그렇게 억울해요? 맨날 '아버지 아버지, 이것도 좀, 저것도 좀! 많이 많이 더 많이 좀 주시고!' 하지만 말고 '하느님 덕분에 이 나이까지 살았으니 다 필요 없고 이제 나 좀 얼렁 데려가세요.' 이렇게 기도하셔야죠?"

늙고 초라한 엄마가 그러시네요.
"그래 너 잘났다. 이년아!"

남의 눈에 티만 보이고 내 눈에 대들보는 안 보이는 이 화상! 이 물건을 어쩌면 좋습니까요 예수님? 흑흑!

11. 원칙

　평생 흙일에서 떠나지 않으며 기어이 토지를 완성시킨 작가 박경리를 사랑한다면서. 한살림을 만드신 장일순 선생님을 존경한다면서 몸 좀 아프다고 귀찮아서 음식물 분쇄기를 사용하여 득득 갈아버려 그대로 하천으로 쏟아 버리는 나. 예수님, 난 위선자였어요! 어리광도 이런 난리가 없을 정도로! 잘못했어요. 낼 당장 음식물 분쇄기는 업자 불러 돌려주고 싱크대 원상복귀할게요. 아, 이제 발 뻗고 자겠다! 하느님이 만든 이 세상, 섭리대로 사셨던 우리 예수님! 당신이 옳으세요. 내가 잘못했어요!

12. 배고파 파

 아니, 대체 어느 누가, 상대가 지 자랑질 하는 걸 듣는 것도 불편하지만 끊임없이 자기 불쌍한 얘기만 늘어놓는 사람을 반긴답니까? 그것도 처음 한두 번이지요. 각자의 처지에서 삶이 고달픈 건 저울에 올려 비교할 수 있는 것이 아닌데 말예요. 지가 요렇케 자기 위주가 심하야 관계 맺음을 지대루 못해요 예수님! 성장판이 7세에서 닫힌 기피대상 1호? 흑흑!
 '사람이 변하는 건 기적이다'라는 말이 내 기를 죽이기도 하지만 한번 더 고쳐 볼게요. 그런 의미에서?
 연정희 미카엘라 아자아자!
 일어나자마자 배가 고픈 걸 보아하니 나 이제 살았네요.

 칠성이 파. 시라소니 파. 나 배고파 파? 짜잔!

13. 서로 사랑하여라

 인간의 논리로는 도저히 설명하지 못할 사랑을 하다 가신 예수님. 이를 갈고 피눈물을 쏟아도 시원찮을, 주님 당신께 침을 뱉고! 주님 당신의 벗은 몸을 야유하고! 또 그 몸에 채찍질을 하며 서서히 죽음을 맞닥뜨려야 하는 십자 형틀에 못을 박는 행위를 인간의 논리로 저지른 우리들의 야만을 당신은 이렇게 말하였습니다.

"아버지 저들을 용서하소서! 저들은 자기의 잘못을 모릅니다."

그렇습니다 예수님! 바닥을 기는 젖먹이 아이들이나 이제 막 걸음마를 배우기 시작하는 아이들은 아무것이나 주워 먹고 아무것이나 손에 쥐며 또 던집니다. 그러나 우리 어른들은 그걸 갖고 나쁜 짓이라 하며 야단치거나 매를 들지는 않지요. 오히려 그런 위험한 것들을 미리미리 치워두지 못했던 자신을 탓할 뿐. 그리고 예수님, 당신이 얘기한 사랑을 우리 인간들은 부모, 특히 아이에게 절대적인 어미를 빼고는 대부분 받은 만큼 주는 것을 상식으로 알고 사랑이란 걸 하지요. 하지만 난 오늘 내가 해 왔던 적지 않은 사랑들이, 예수님 당신이 얘기한 사랑이란 행위를 내가 내 편의에 따라 멋대로 채색해 온 것에 불과했음을 고백합니다. 또한 난, 예수님 당신께서 간절히 외친 사랑이, 우리 인간들 각자의 처지에 따라 각각 다른 형태로 행하여짐을 경험합니다. 하느님이 주님이신 당신을 이 땅에 보내신 뜻은 하나이고 또 당신이 얘기한 사랑도 "서로 사랑하여라!" 그 한 가지뿐일 텐데 말입니다. 그 쉬운 걸 이 미련한 종은 일생을 '무조건 주기만 하는 게 진정한 사랑이다.' '받은 만큼 마땅히 줘야 하는 게 사랑이다.' '내가 주면 언젠가는 보상을 받겠지.' '난 주었는데 상대는 왜 안 주지?' 하는 등의 복잡한 머리로 결국 제 살 깎아 먹는 복잡한 사랑을 하며 살고 있더군요. 그냥 하면 되는 걸 말예요. 입으로는 사랑을 뒤떠들며 머리로는 끊임없이 손익 계산을 하는 행위로 하느님, 당신의 사랑을 내 얄팍한 기준에 맞춰 왔던 이 교활한 종을 당신, 오늘은 딱! 하고 한 대 치소서!

정신 번쩍 나는 데는 역시 뒤통수가 딱! 입지요 예수님? 히히!

14. 바보

바보를 만났습니다. 수년 전 간병을 해 드렸던 86세 할머니의 아드님 전화를 받고 간만에 출동하였지요. 옆 침상엔 더더더의 98세 할머니가 노환으로 입원 중이신데 그분의 간병은 70대의 며느님이 하고 계셨어요. 뼈만 남은 시모의 귀저기를 갈고 욕창 예방을 위한 체위 변경 등의 처치를 한 시간 가까이 정성 들여 하시더군요. 간병을 하시는 게 간병사인 나 못잖게 폼이 아주 선수였어요! 며느님은 새벽에 내가 일하는 병실로 와 시모를 돌봐 주고 계셨는데 어째 이런 꼭두새벽에 오셨냐니까 위층엔 남편이 입원 중이라 양쪽 병실을 오가며 본인이 간병을 하신다는 설명이셨어요.

"이것 보셩! 그러다 자기가 먼저 죽으려고 이러는 거여?"

하며 간병사를 쓰지 그러냐니까 그러잖아도 오늘 간병사가 시모를 간병하러 오기로 했다더군요. 두 분 중 어느 분 간병이 더 힘드냐 물었죠. 남편이 뇌경색이라 덩치로 보나 뭐로 보나 훨씬 힘들다데요. 그래 이 잔머리 여왕이 그랬어요.

"아니! 그 한 번 일으키기도 힘든 남편을 맡기지 이 40kg도 안 나가 식은 죽 먹기인 시어머니를 같은 돈을 주고 맞겨 그래?"

"워칙히 더 힘든 걸 남헌티 맙긴데유? 내가 해야쥬."

달아오른 얼굴 들키지 않으려 밖으로 나왔어요. 하늘을 보기가 부끄러워요 예수님!

15. 욕망과 소망

어제는 '난 무엇에 매여 있는 것일까?'를 가지고 기도한 하루였어요. 욕망과 소망이란 두 단어의 참뜻을 좀 오래 생각했지요. 욕망은 자기를 향하여 있고 소망은 하느님을 향해 있더라고요. 허나 예수님, 이제 보니 내 머릿속이란 게 힘들이지 않고 요행이나 바라는 욕망으로 온통 꽉 차 있더군요. 그러니 지가 이리 아프고 또 복잡할밖에요! 난 말로만 하느님을 위해 살겠다고 한 뻥쟁이였어요! 하느님을 위해 하나밖에 없는 목숨을 바치신 예수그리스도님, 그리고 그랬기에 행복했을 예수님 당신! 이렇게 비겁하고 복잡했던 날 용서해 주세요! 하느님을 향한 소망으로 하느님 안에서 평화롭게, 더 단순해지겠어요.

16. 나라는 실체

새벽에 눈이 떠지며 잠깐 좀 어리바리했어요. 어제 하루 종일 공양간 보살님과 깔깔대던 내 모습과 아주 어려서의 내 모습이 너무도 생생하게 동시 상영이 되는 꿈을 좀 길게 꾸었거든요.

꿈에서는 울다가 땟국물에 절어 잠이 든 나와, 아버지의 무서운 술주정으로 부서지던 살림살이들! 악을 악을 쓰며 도망가던 엄마! 그 장면들에 잠든 척 두 눈을 꽉 감고는 덩치만 커다란 친오빠의 성폭행을 견디고 있는 어린 계집아이인 5~6세의 내 모습이 오버랩되고 있었어요! 예수님, 난 더 이상 피할 수 없다는 아니, 피하지 말자는 생각이 올라오데요? 어릴 적의 그 치욕스런 장면들에 고갤 외로 꼬아 연이 닿은 그때그때의 사람들과 친해지려 비굴한 웃음을 띠어 가며 말짱한 얼굴이 되어 살고 있는 이 여인요! 육십을 바라보는 나이에 피해의식이 가져온 트라우마로 몸만 어른이지 깊숙한 곳, 아직도 공포에 질려 있는 어린 계집애를 벗어나지 못한 이 연정희란 여자의 실체를요!

이제껏 아니, 최근까지 내 인간관계의 미숙함이란 그 실체에서 단 한 치도 벗어나지 못한, 늙어 소진돼 가는 육체를 지녔으나 정신은 자라지를 못해 그 공포에서 벗어나기만을 바라고 있는 내게서 비롯됐더군요. 누군가 날 끌어안고 토닥여 줄 사람을 아직도 기다리고 있는 어린 계집애 말입니다!

17. 하느님 나 지금 어디로 가고 있는 겁니까?

자기기만에 흠뻑 젖어 있는 지금의 내 모습! 내가 정말 잘하고 있는 걸까요? 오. 주님! 난 지금 갈피를 잡을 수가 없습니다. 이런 내 모습을 당신은 어떻게 바라보고 계실는지요? '거짓'보다 '위선'을 더 혐오하시는 당신, 예수그리스도님! 나 지금 대체 어디로 가고 있는 겁니까?

난 내가 싫어요! 끔찍해요!

1. 형벌

　사랑으로 오신 주님, 아침에 눈을 뜨며 요즘 들어 계속 아픈 내 몸이 아니, 기쁘지 않은 내 마음이 떠올랐어요. 내 옆에 늘 붙어 계시던 예수님, 당신이 그러시네요. "그저 말루만! 말루만 하느님 위해 살겠다고 개뺑치고 댕기고! 허는짓은 불쌍헌 지 새끼 생각 않고 맨 지 쾌락만을 위해 이눔이고 저눔이고 죄다 이용만 해 처! 먹으려 드니께 머리넌 복잡해지구, 고 복잡해진 머리로 살다 본께 사는 것두 기쁘지 않을 터이니 맴이란 게 불편헐 터이고! 욕심이 암세포처럼 똘똘 뭉쳤으니 그 몸뚱아리가 맨날 찌뿌둥허지 않고 배겨? 막 말루다가 지 혼저 그 삭막헌 서울 하늘서 살아 보겄다구 아둥거려 가며 발버둥 치넌 니 새끼가 불쌍치도 않느냐? 심보 못된 바보는 하늘두 구제 못허느니라!" 예수님, 이 장면서 십여 년 전의 그 장면이 떠오르는 건 내게 또 하나의 형벌이었어요. 알코올로 수년간을 병원 반 집 반을 떠돌던 내가 고딩 때 '불쌍한 고아' 되어 학교 근처다 원룸 하나 얻어 자취하던 아들놈 집을 둘러보았던 그 장면이! 에미 표시 허느라 사다 주었던 겨울 이불의 하얀 깃이 새까맣다 못해 반질반질하던 잠자리와 방바닥에 굴러다니던 식은 밥덩이! 그리고 잠자리서 깨작거렸을 과자 부스러기들. 그 방구석서 웅크리고 잤을 내 아들! 아니 열여섯 소년의 외로움을! 예수님, 더 말해 뭣하겠어요? 내 이 참담함을! 알코올 병원에 갇혀 매일처럼 되뇌었던 "알코올 중독자는 살아 있다는 것이 기적이다!"란 말로 내 양심을 또 한번 덮어 버릴까요? 아님, "내 아비가 알코올이었으니 내가 알코올이 된 건 당연해!" 하는 위로로 스스로를 방어할까요? 예수님, 난 내가 진짜 싫어요! 끔찍해요!

엄마를 여의고 반년이 지났어도 여전히 슬픔에서 헤어나질 못하여 거의 매일을 내게 전화로 울먹이고 급기야 통곡까지 하는 친구를 보며 난 눈물 한 방울 나지 않았던 십여 년 전의 나와 형제들이 치른 삭막했던 아비의 장례식이 떠올랐어요. 그리고 역시 그렇게 장례식이라는 거추장스런 절차를 빨리 끝내고 도망치고만 싶을 내 어미의 임종을 상상해요 예수님! 수십 수백억의 유산보다 값진 엄마에 관한 자잘하고 토실토실한 기억들과 애절한 그리움. 또 엄마를 잃은 엄청난 슬픔! 자기가 사는 세상에서 영원히 사라지는 사랑하는 사람에 대한 통곡을 안고서 내 친구와 그녀의 남동생은 아마도 당당하고 부끄럽지 않게 주어진 세상을 또 살아가겠죠?

오늘 처음으로 난 돈으로는 도저히 환산할 수 없는 값진 유산을 친구의 엄마가 두 남매에게 남겨 주고 가셨음을 새삼 깨닫습니다. 한 인간이 다른 한 인간에게 조건 없는 사랑을 받게 될 때 형성되는 높은 자존감이요! 나의 예수님. 늘 친정엄마 얘기가 나오면 기가 죽었던 우리 자매들. 난 과연 사후에 어떠한 에미로 내 새끼의 기억 속에 각인될까요? '남은 시간을 잘 살아야겠다.'는 상념 따위를 떠나 사실 두려워요! 먼지 털듯 엄마에 관한 기억을 툭툭! 털어낼 아이의 가엾음이 상상되어!

2. 겸손을 잃은 대가

잠을 못 이루고 마음이 불편해요 예수님. 난 지금 무얼 잘못하고 있는 걸까요? 아니, 무엇을 잘못 생각하고 있는 걸까요? 교만함으로 하느님을 입에 달고 다니며 사람들과의 관계에서 지독히도 자기 위주가 심했던 지난 한 해. 그리고 나라는 인간! 지금 내 마음속은 지옥입니다. 겸손을 잃은 대가는 참으로 혹독하더군요! 이 비루한 종은 내가 세상의 중심인 줄 알고서 천둥벌거숭이가 되어 날뛰었어요.

"뭘 그렇게 힘들게 살아? 너 하고 싶은 대로 하며 살아. 어차피 니 말귀 알아듣는 놈 없어! 돈은 내지 말고 그냥 가. 너 살아온 게 너무 불쌍해서 나 그 돈 못 받아. 니 돈 받으면 내가 우리 영신한테 다쳐! 그리고 다신 여기 오지 마. 가서 너 하고 싶은 대로 맘껏 하며 살아. 넌 그래도 돼!"

작년 이맘때였을 거예요. 나도 내 엄마의 나이가 되어선지 월악산을 떠돌다 어려서 매년 정초에는 점을 보러 가곤 했던 엄마가 생각나 잡아 놓은 모텔의 막다른 골목 끝에 있는 점집엘 갔었지요. 전날, 늦은 저녁에 방을 잡고서 동네 구경에 나섰다가 발견하게 된, 평소에 좋아 죽고 못 사는 봉선화가 지천인 예쁜 꽃밭이 있는 기와집이었어요. 그 점집에서 중늙은이 보살의 '오늘은 자기 몸에 기운이 파해서 못 봐 준다며 몸이 회복되고 정신이 총총해질 낼 이른 아침에나 점을 보러 오라'는 말을 듣곤 다음날 새벽같이 일어나 마침 여관 앞에 있는 공중목욕탕을 찾아 목욕부터 정갈하게 했었지요. 그러고서 찾았던 점집에선 그 무슨 애기동자인가 이름 붙인 점쟁이가 앞에 앉아 사주를 대는 내 얼굴은 한 번도 치다보질 않고는 내 사주를 적은 공책만을 디다 보며 한 말이었어요. '너 하고 싶은 대로 하고 살라는.' 그 말에 힘입어 정말 한 해를 맘껏 내지르며 시간 보내느라 엄청 바빴던 거 예수님은 아시죠? 늘 오버하는 내가 또 넘 오버한 걸까요? 점쟁이가 봐 준 신년 운수 덕분에 주변과의 관계도 가족과의 관계도 어느 모로 보나 눈에 띄게 향상되었는데요!

근데 마음이 불편해요 예수님! 난생 처음으로 내가 내 삶의 주인이 되어 살 수 있었던 지난 한 해는 정말 신났었는데 말예요. 난 행복할 권리가 있고 남에게 피헬 주지 않는 이상 나의 행복을 추구하고 또 뭐든 내 마음이 가는 대로 살 권리가 있다!를 마치 국민헌장의 행복추구권마냥 외고 다녔던 지난 한 해! 행복을 타인에게서 찾지 말고 지금 이 자리에서 행복하자며, 더 이상 바라는 게 없는 것이 참행복임을 깨닫곤 그래서 행복했던 나였는데! 지금 내 마음은 무엇 때문에 이렇게 불편한 걸까요? 솔직히 주변을 제가 너무 뜯어 먹었나요? 의무는 저버리고 권리만을 주장하는 추태였던가요?

3. 나는 정말 누구인가?

그렇습니다. 주님. 난 어쩌면 나를 포함한 주변 사물이나 주변인들에게 어떤 환상을 품고 있었는지도…. 상대에게 동의를 구하지 않고 내가 설정한 모습으로 그들을 규정하여 불편한 관계를 이어왔던 내가 토막 낸 세월들! 누군가 이런 내게 우수개 소리로 붙인 별명이 '성화동 일방통행'이지요. 간혹 '순수한 영혼'이라는 조롱 섞인 칭찬도 들었으나 이런 내 일방통행이 상대에겐 일종의 폭력이었음을 뒤늦게 깨닫습니다. 깨닫고도 그 짓을 멈추지 못하는 나는 정말 누구입니까? 상대의 조롱보다 더 무서운 게 자기기만이며 매일처럼 치미는 자신에 대한 혐오감임을 뼈저리게 느끼곤 합니다! 성장 소설일 수밖에 없는 장편을 기획하며 서문 말미에 써 둔 말이 떠오르네요. 아마 이렇게 끝냈을 거예요.

그럼에도 멈추지 못하는 나는 정말 누구인가? 난 내가 궁금해 이 글을 쓰기 시작한다.

스쳐 가는 인연을 미련하게도 자꾸만 잡으려 드는 나란 여성! 예수님, 어쩌면 좋습니까? 죽어야 끝나는 싸움인가요?

4. 수치

예수님, 난 오늘 책임감 없었던 제 지나간 세월을 이실직고합니다.

십대에는 꿈을 마음껏 꿀 수 있는 십대로서의 권리를 망각하고 가정환경을 핑계 삼아 그 소중한 시간들을 어둡게만 회칠했던 어리석음을 속죄하고,

이십대 적에는 책임감이라곤 없이 내 열정만을 발산하는 사랑으로 나와 관계 맺은 하고 많은 사람들을 불안하게 하였던 시간들을 고백하며,

삼십대에는 술에 미쳐 하나밖에 없는 사랑하는 아들의 유년을 줄곧 불안하게 하였던 돌이킬 수 없는 과오에 가슴을 치고!

사십대에는 쳐들어 온 가난을 우울증을 핑계로 아무런 저항 없이 받아들여 가족을 가난의 수렁에서 헤어나지 못하게 방치한 저를 참회하며,

오십대에는 하나님 당신이 만드신 저를 포기함으로써 선한 이웃들에게 부담스런 존재로 전락하고야 만 내 삶의 수치를 이실직고합니다!

나 좀 안아 주세요! 엉엉!

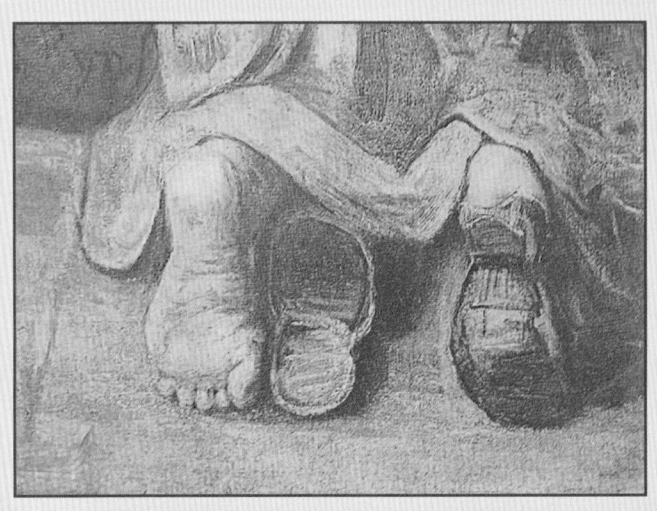

따귀 맞은 영혼

엄마! 평생 매 자국이 가시지 않아도 좋으니
팽팽한 회초리로 종아리를 때리지 그랬어?
얼굴만큼은 손대지 말지 그랬어!

오빠! 얼굴이 돌아가게 귀싸대기를 갈겼어도 좋으니
씻지도 않은 그 더러운 손으로 후벼 대지는 말지 그랬어?
내 거기만큼은 지켜 주지 그랬어!

따귀 맞은 내 영혼이 이렇듯 부끄럽고
더럽혀진 내 몸이 이다지도 끔찍하진 않았을 텐데

그대들
내 영혼만큼은 지켜 주질 그랬어!

1. 엄마가요!

예수님, 나란 여자는 왜 이렇게 왼손이 한 일을 오른손뿐 아니라 만방에 알리고 싶어 몸살이 나는 걸까요? 아니, 인정받고 싶어 마음이 늘 불안한 걸까요? 생색을 내는 순간부터 그 공이 사라지는 것을 수도 없이 경험했으면서 말예요! 어릴 적 엄마는 날 믿어 주지 않고 때리기부터 했어요. 그때 난 정말이지 억울했어요! 경쟁에서 지고 오면 엄마는 날 안고

"에고! 이번 시험이 어려웠나 보구나? 괜찮다 아가, 괜찮아요! 까짓 거 우리 정희가 가진 게 그 좋은 머리하고 끈기뿐인데 뭘 그렇게 기가 죽어 있어? 우리 정흰 뭐든 열심히 하니까 담엔 잘할 수 있을 거야. 엄만 널 믿어! 우리 딸 한 번 더 도전 하자? 토닥토닥!" 해 주지를 않고

"아! 피나게 벌어 돈 처들여 가며 과외 공부 시킴 뭐 해? 에라 이년아! 너 같은 년이 뭘 하겠냐? 뻔하지 뭘 그래? 맨날 만화책이나 붙들구 앉았으니 시험 잘 보는 것두 요상하지! 꼴도 보기 싫으니 저짝으로 가 구구로 쭈구리고나 있어!" 했어요. 엄마가요! 어쩌다 밖에서 맞고 오면 내 엄마는

"세상에나! 우리 정희가 아프기도 하고 억울하기도 했겠구나? 아니, 얼마나 아플까 그래? 아가 이리 온! 엄마가 안아 줄게. 어떤 놈이냐? 글쎄 어떤 놈이 금쪽같은 우리 정흴 건드렸어? 아가, 여기 있어 내 가서 이놈을 혼쭐 내주마!" 하지를 않고 창피하고 억울한 날 비난만 했어요!

"이러언 병신 같은 년! 병신같이 맞구만 댕기는 년이 집구석이라고 또 기어는 들어 왔네? 아 글쎄! 뭘 잘했다고 울어? 아이구 망신스러워서 원! 아예 나가 죽어라 이년아! 아 비켜! 걸리적거리지 말고! 육실헐년!" 이렇게 욕을 했어요. 엄마가요, 예수님! 엄만 날 망신 주고 모욕했어요. 당신이 열 달 품어 배 아파 낳은 날 말예요! 백 점 받은 시험지를 들고 숨 가쁘게 뛰어가면 엄만 날 기쁘게 맞고서 꼭 안아 주질 않고는 그랬어요.

"비싼 돈 처들여 과외 공부까지 시켜 놨는데 그것두 못 하면 등신이지 뭘 그러냐? 어 가서 밥상에 숟가락이나 놔!" 했어요. 난 엄마 품에 안겨 칭찬받고 싶었는데요. 난 무안 타서 붉어진 얼굴로 고개 숙여 밥상에 숟가락을 놓아야 했어요. 안에서 새는 바가지는 밖에서도 샌다고 부모에게 귀히 여김을 받지 못한 난 늘 세상에 대고 변명을 해야 했어요. 아니, 쓸데없이 날 무장하고 끝없이 주변 사람들에게 치대야 했어요. 나 좀 알아 달라고. 이런 나 좀 안아 달라고! 다 늙어가는 지금도 말예요 예수님! 그때 난 세상에 단 하나인 내 엄마한테서 버림받는 게 정말 무서웠어요! 지금도 그게 제일 무서워요. 그래서 그랬어요. 나 좀! 예수님, 이런 나 좀 안아주세요! 엉엉!

2. 하느님은 그때 어디 계셨나요?

몸이 말을 듣지 않았어요!

떼밀고 귀싸대기라도 한 대 올려붙이고 싶었지만 내 몸은 땅속에 두 다리가 박혀 버린 것처럼 꼼짝달싹할 수가 없었어요! 수십 년 전 어린 동생들인 우리 세 자매를 수년간이나 두드려 패 가며 성폭행까지 했던 그 변태새끼에게 난 사실 이 말이 하고 싶었는데요.

"이 상놈으시키야! 입만 열면 거짓말이 줄줄이 나오고 말로만 한양대 나오고 하빠리 공고나마 간신히 졸업한 이 병신새끼야! 사기 쳐서 간신히 장가든 거! 가정이라도 일군 게 기특해서 다 묻어두려고 했는데 너 이 새끼! 다 늙어 니 그 보금자리마저 부서지고 쪽박 차고 싶어? 네놈이 어떤 놈인지를 올케하고 니 새끼들한테 다 말해 줄까? 새끼들이야 피는 못 속인다고 니 새끼 닮아 빤빤하기 이를 데 없더고만 어린 나이에 사기 결혼 당한 순진한 올케야 대체 무슨 죄여? 엄마 아부지가 일 하러 나가셨으면 동생들을 돌봤어야 지! 패고 울려서 지쳐 잠들게 하고는 성폭행을 해? 이 이 씹어 먹어 두 시원찮을 상놈으시키! 니가 다닌다는 그 '하나님에 교회'란 데선 이런 널 그냥 냅두데? 아니, 은혜 많이많이 내리시데? 끌에 집사라며? 이 병신아! 당장 무릎 꿇어!"

명절이라고 엄마 집에 다니러 와 밤늦은 시각 갑자기 날 아파트 담벼락에 밀어붙이고는 덩치가 산만한 놈이 내 어깨를, 그 크고 긴 팔로 꽉 죄어 꼼짝 못하게 하고서 내 얼굴에 그 더러운 입술을 비벼 댔어요! 난 그 변태에게 간신히 저항하며 기껏해야 "오빠 많이 취했네. 들어가. 들어가."하는 말로 그저 무력하게 밀치기만 했을 뿐 난 다시 그 변태놈이 커다란 손으로 갈겨 대던 매만 무서운 50년 전의 5살, 6살, 7살, 8살, 9살, 아니, 열두 살까지의 계집애가 되고 말았어요! 수십 년 전의 공포로 돌아가 난 그만 얼음 땡!이 된 거예요 예수님! 대여섯 살 쪼그만 계집애의! 그 미처 여물지도 못한 잠지를 그 덩치만 커다랗고 먹을 것만 밝혀대는 머슴애가 그 후로도 수년간을 허구한 날 헤집어 대던 더럽고 끔찍한 기억 때문에요! 이놈은 학교에서 운동장의 흙도 묻혔겠고 학교 앞 문방구에서 불량식품도 사 먹었겠고 오줌 누며 자기 고추도 만졌을 텐데 그그! 씻지도 않은 더러운 손을 우리들 잠지 속에다 처넣었어요! 우리 세 자매는 초등학교를 입학하기 전부터 고학년이었던 이놈이 학교에서 받는 체벌을 받아야 했었고 이놈이 중학생이 되어선 중학교 남학생들이 받는 체벌을 수년간이나! 어린 계집애인 우리들 힘에 겨운 그 체벌을 거의 매일 받아야 했어요! 우린 그때 그놈이 갈겨 대던 매가 너무 아팠고 또 한 시간씩이나 벌서는 거에 지쳐 울다가 결국은 쓰러지곤 했었지요. 얼굴은 눈물 콧물로 범벅 되어 얼룩이 지고 또 절어서 누가 먼저랄 것도 없이 지쳐 잠이 들었던 거예요. 그리고 나면 우리들 팬티가 차례로 벗겨졌어요! 내 소중한 그곳을 그놈이 씻지도 않은 손으로 무섭게 후벼 댈 때! 죽을 만큼 아파도 공포로 침조차 삼키지 못해 가며 파르르 떨어야 했던 내 속눈썹! 매가 무서워 자는 척을 해야 했던, 자는 척을 해야만 했던 세 명의 어린 계집애들이요 예수님! 우린 자는 척을 해야 했어요. 매가 무서워서 숨소리조차 못 내고 두 눈을 파르르 떨어가며 깊은 잠에 빠진 것처럼 말예요!

그 끔찍한 시간들을 견뎌 내느라 내가 얼마나 죽을힘을 다 해야 했는지 예수님 당신은 아세요? 그때 나 얼마나 무서웠는데요? 근데 하느님은 어디 계셨어요? 말로만 우릴 사랑한다. 세상천지에 소문은 다 내 놓고 그때 대체 어디 계셨냐구욧! 몰라요 몰라! 하느님 그때 완전 직무유기한 거잖아? 물어내요! 그 파란 하늘처럼 투명하고 생글생글 웃고만 살아도 모지란 보석 같아야 했던 내 유년을요! 아름다워야 할 우리 세 자매의 유년이 시커먼 장막으로 확! 휘장이 내리쳐 버렸는데 어쩌려냐구요? 막내는 밑에서 흐르는 진물 때문에 어려서부터 산부인과 출입을 해야만 했어요. 결혼이 새로운 삶에의 도약이 아닌 현실도피가 돼야 했던 저희 자매들이요! 남편에게 당당하지 못했던 그 긴 세월, 지금도 행복하지 않은 내 결혼생활 말예요 예수님!

  환부를 째야만 하고 잿빛으로 내 몸에 각인된 그 고름 덩어리를 또다시 들여다봐야 하는 나란 여인! 하느님은 그때 어디 계셨던 거예요? 그 어린 게, 명랑하게만 물들어야 할 유년이 시커먼 장막이 확! 내리친 것처럼 그 지경으로 당할 때까지 하느님은 왜 모른 척 하신 건데요? 당신 날 사랑한다고 말루만 개 뻥 치구 그땐 완전 직무유기 하신 거잖아? 물어내요. 물어내란 말예욧! 세상 밝고 아름다웠어도 모지랄 내 그 소중한 유년을 지금이라도 내 앞에 돌려놓으라고요! 막내는 지금도 우둔증이 심해 자다가도 비명을 지르며 벌떡벌떡 일어나곤 해요! 마치 덜 떨어진 애처럼요!

몸이 말을 듣지 않았어요. 중년을 넘긴 지금도 굳어 버린 몸에 내 분노는 급기야 그 수십 년 전의 공포의 벽을 뚫고 결국 터지지 못했어요! 예수님, 당신이 나 좀 안아 주세요. 이 병신을! 이 머저리를 당신이 좀 안아 주세요!

환부를 째야 하고 하수구 썩은 쥐처럼 악취가 풀풀 나는 고름 덩어리를 다시 또 들여다봐야 하는 날 좀! 이런 나 좀 안아 주세요 예수님! 엉엉!

3. 주님이 책임지세욧!

야고보신부님의 권유로 문산에 있는 '예수마음 피정의 집'을 다녀왔어요. 하느님을 만나고 싶다는 바람만을 안고 간, 세례를 받은 지 십여 년이 넘었어도 내겐 첫 피정이었지요. 이틀째 되는 날, 피정의 집을 관리하시는 수녀님 한 분이 옥상에 있는 옥탑방으로 날 데려가셨는데 사방이 하얀 벽지로 도배된 조용하고 작은 방이었어요. 벽에는 십자고상이 걸려 있었고 방안 가구라곤 작은 앉은뱅이 나무 책상 하나가 전부였으며 그 위에 성모상과 성서 한 권만이 단출하게 놓여 있는 작고 조용한 기도실이었지요.

그 기도실로 날 데려다 주신 수녀님 내려가시고 혼자 되어 가만히 앉아 두 손 모아 기도하는데 갑자기 걷잡을 수 없는 눈물이 쏟아지데요? 통곡이었어요! 얼마나 당황했는지요! 내가 바닥을 치며 울었던 거 예수님은 보셨지요? 날 성폭행하는 친오빠 밑에서 잠든 척을 하느라 두 눈 꾹 감고! 그러나 속눈썹은 파르르 떨려 가며 안간힘 다해 신음을 참고 있는 6살의 내가 보이더군요! 단 한 번도 기도만을 위해 어델 가서 번잡하고 시끄런 예배나 통성기도라는 걸 해보지 못했던 나이기에 난 내 몸이 가는 대로 날 그냥 방치할 수밖에 없었어요! 그런데 그때 난, 신앙생활을 시작한 후로 처음으로 하느님을 가까이서 느꼈던 거 같아요. 주님 당신께 길길이 날뛰며 아마 이렇게 대들었겠죠?

"하느님, 나 그때 너무 무서웠어요! 내가 얼마나 무서웠는지 하느님 당신 아세요? 하루이틀도 아니고 수년간이나 그 끔찍한 고통을 당하는 날 돌보지 않고 하느님은 그때 어디 계셨어요? 왜 날 돌보지 않으셨어요? 용기를 내어 이른 어린 딸에게 무지한 부모가, 분하고 억울한 딸을 자기 품에 꼭 안아 주긴커녕 몸 간수 제대로 못 하는 년!이란 말로 날 두 번 죽였을 때! 하느님 당신이라도 날 안아 주셨어야죠? 어떻게 이렇게 오랜 세월을 바람 앞에 등불처럼 일생을! 일생 동안 그 어린 계집애가! 이 여자를 그토록 불안하게 하실 수 있었나요? 공포로 검은 장막이 확! 쳐져 있던 어릴 적 수년간이 50년도 넘는 세월 동안 내가 날 수도 없이 자학하며 괴롭히도록 방치하셨다니요? 책임지세요! 이런 날 당신이 책임지란 말예욧! 목숨을 주셨으면 제대로 지키셨어야죠? 주기만 하고 관리는 안 하고 하느님 그때 수년간 직무유기하신 거잖아? 말루만 "넌 사랑하는 내 딸이다." 개뻥치구! 예수님은 도대체 이 땅에 왜 보내신 건데요? 내가 끔찍하게 유린당하던 그때! 그 시간에! 예수님을 내게 빨리 보냈어야죠? 이게 뭐예요? 왜 지금 나 사는 것도 힘든 데다가 느닷없이 50년도 더 된 그때의 날 보여 주는 건데요? 지금 와서 나보고 어쩌라고요? 난 정말 억울해요! 이렇게 갈가리 찢겨져서 피 흘리고 있는 날 하느님 당신이 책임지세욧! 바루 그때 오셨어야 죠? 첫 폭행 때부터 하느님 당신이 개입을 했어야죠?"

그렇게 대들기만 하다 집으로 돌아온 피정이었던 거 예수님은 아시죠? 하지만 나, 분이 아직 안 풀렸어요. 오빠 그놈이 작년 추석에 날 또 능멸했기 때문이에요! 따귀라도 한대 올려붙이지 못한 나 자신이 일 년간 미워 죽을 뻔했단 거 아닙니까? 예수님도 아시잖아요. 내가 사는 게 사는 게 아니었단 걸! 그래서 더 분하고 그때의 분노가 풀리질 않아 여기 이렇게 시퍼렇게 멍으로 남았어요! 시두 때두 없이 화가 올라와요 예수님! 허는 수 없지요. 나, 그 화가 올라올 적마다 하느님께 대들래요. 예수님은 그저 전달이나 잘하세요. 그러려구 이 땅에 오신 거 아녜요? 내 앞에 느닷없이 그 날들을 또 보여 주시다니요? 화가 나 미치겠어요!

4. 나 취했어요

　우리예수 팔아 먹넌 것덜! 우리주님 팔아서 치킨 사 먹넌 것덜! 정호승이 내려와서 이거 다 읽으라구 햐! 모? 사랑이 어쩌구 저째? 아조 똥얼 싸유! 쌩지랄을 혀유! 니가 사랑얼 아냐 시키야? 핏덩이들! 누구 자살 방지하기 위해서 지덜 시간 단 1초두 못 내넌 시키덜! 할매할매! 이름만 예쁜 모란장 장정화할매! 이름마저 이쁜 할매두 한 십만환 들구 올겨. 그려 난 혼자다. 홀로 외롭다! 내가 부처다. 어쩔래? 상눔으 시키덜! 아니다! 상눔언 나라럴 지켰제? 나라 팔아먹은 양반에 족속덜! 경희한의원 원장헌티넌 부조금 좀 많이 내라구 햐! 심수봉 헌티넌 늙어 가며 극성떨어 번 돈 순회공연이나 마치구 와 왕창 내라구 햐! 원주 종춘이 아저씨도 김지하 끌구 와서 좀 많이 내라구 허고! 그려 나 끝꺼정 떠들다 간다. 그려 나 일방통행이다! 니덜 행복하게 해 주려구 극성떤 죄배께 읎다!

왜? 그래두 나 부우자! 최태영이, 오영란이, 이귀란님 읃어 가니 아니, 뜯어 먹다 가니께! 내 마지막 사랑, 아니다 첫사랑 상구오빠 얻어가니. 그 오빤 도대체 먼 팔자랴? 상을 당혀두 연속으루 당허게 생깃으니! 고 씹어먹어두 시원찮을 파평윤씨 족속들? 좆 까라 그랴! 내 맥힌 하수구! 내 맥힌 싱크대! 내꺼 내 놔! 원래 내 꺼였든거 다 내 놔! 으앙!

벽에 못 박아 걸어 둔 오드리 햅번 왈.
"너 지금 뭐하고 있니?"
"그려 나 시방 머 하고 있넌 중이다."
"너 이래도 되니?"
"그려! 이래두 된다. 나넌 된다 어쩔래? 싱크대나 뚫어 놓구서 죽으야 할낀데. 내가 알 게 뭐야! 그것두 살구 싶어 쌩지랄 떠넌 것 일 뿐. 내 보조 작가 앙큼수연은 돈 받지 마! 어쨌든 받지 마! 참 내 반지 팔찌는 영란이 꺼. 파평윤씨 족속 앨범은 우리 은우 꺼. 조상 없는 니가 어딨것냐? 함서!" 냄편이란 화상에게넌? "무릎 꿇엇! 벽 보구 손 들엇!" 허구! 토지두 영란이 꺼. 햅번두 영란이 꺼. 성모상 두 영란이 꺼. 나머진? 내 알게 뭐야! 책? 쌍샘생태도서관 꺼! 나머진 이 세상서 나와 놀아준 그대들 꺼! 내 깜장 브라자 세트넌 누굴 주나? 그건 내가 입구 갈 거. 아 맞다! 정태춘이 와서 에고 도솔천아, 노래 한 자락 부르라구 하! 내가 오라믄 와. 그 잡놈! 원주 슈니첼 아저씨두 까라믄 까! 니들 다 죽었어? 내 장례식 꽃 대궐 맹글어 줄 황토흙서 자란 상남자 있응께! 그것두 동백으루다가!

연정희 유서, "너무 극성떨어 미안해. 나 아파요! 마이 아파요!" 했을 때 누군가 "어디가 아파요?" 한 마디만 물어 줬어두! "아프겠다!" 한 번만 공감해 줬어두!

'영란아 나 사는 걸 놔 버린 느낌이야. 어트케든 살아 보려구 발버둥치다가 말여! 그놈은 놔두 드럽게 놨구 난 깔깔대다 놨고! 아침이야. 그니까 다음날이지. 여전하네. 후회 없어! 난 갑질 안 했으니까. 노넌듯끼 일허고 일허넌듯끼 존나 열심히들 놀아라. 이것들아! 하느님이구 부처구 돈만 되면 죄다 팔아 먹넌 아귀귀신 겉은 놈덜! 그분들이 이 시상에 왜 왔넌지넌 정작 잊어 뿔고! 잊구 싶겄지? 그려, 생까끼두 끔찍허겄지! 잊어야 신간 편케 갑질덜얼 힐 터이니. 죄라믄 나 니덜 미치게 사랑한 죄배께 읎엉! 이거 왜들 이러셩?'

오늘도 내게 술꾼으로 놀러 오신 나의 예수님, 사람을 쉽게도 믿는 저는 사람을 쉽사리 믿지 않는 사람들이 참으로 이상해요. 나무에 목을 메믄 혀를 빼물고 죽고! 바다나 강물에 빠져 죽으믄 팅팅 불어 흉측한 몰골로 죽고! 달리는 차에 뛰어들면 누군가의 하루를 재수 똥 튀기는 날로 만들겠지요? 미안 예수님! 나 많이 취했어요. 드르렁!

5. 깔깔정희를 돌려주세요!

상대에게 쏟아부었던 미움의 화살이 내게 돌아와 꽂혔습니다. 온몸 안 아픈 구석이 없어요! 아침이면 몸이 붓고 일어나기 힘들어 거울을 보니, 이마에 주름이 서너 줄 굵고 선명하게 졌더라고요. 타인에게 호감을 주는 얼굴이 아니었어요! 이래서 옛 사람들이 자기 얼굴에 책임을 지라고 했었나 봐요. 고뇌에 찬 얼굴? 후후! 지난날 영원히 잠들지 않고 다시 깨어난 아침에 놀라 감격하곤 했던 내가 있었지요? 상식으로 인간을 재단하고 심판하려 했던 나! 아빠 아버지! 제발 더 바라는 게 없어 마냥 행복해 깔깔대던, 비록 짧았으나 살아 있던 내 지난여름을 돌려주세요!

그냥 싫어

나에게 왜 이러시는 건데요?
내가 뭘?
내가 어떻게 했으면 좋겠어요?
아무것도

내가 그렇게 싫어졌어요?
꼭 그렇다기보다는
콕 집어서 말해 주세요 날 사랑했다면

그냥 싫어!

6. 유서

험하게 자살한 아비가 꿈에 보이면 난 수일을 앓곤 합니다. 그놈 그 애비란 놈! 사람은 미치기 직전에 깔깔대고 자살 직전에 침묵합니다.

과거로 인한 믿음보다 미래인 소망보다 현재진행형인 사랑이 제일이라는 말을 그 시대의 누가 봐도 미쳐 떠들고 댕겼다는 이유로 예수는 무참히 살해당했습니다! 그 사랑을 간판으로 돈을 버는 교회에서는 뭐가 그리들 진작에나 바쁘신지 떠들어 대는 만큼 사랑을 실천할 시간들을 내지 못합니다. 참고로 자살자들은 생존본능으로 주변에 계속 자기살해를 암시합니다. 주변에서 그런 암시를 눈치채지 못하는 건 그 우라질 놈의 사랑의 결핍 때문입니다! 아비의 자살로 삶에 시커먼 먹구름이 드리운 사람은 내 새끼에게만큼은 그 장애를 물리지 않기 위해 별의 별 지랄을 다 떨어 가며 버티는 데까지 버텨 봅니다! 허나 그 단계도 지나 자기살해의 욕구에 끊임없이 끄들리게 되면 '내가 알게 뭐야!'라는 심정으로 치닫게 되는 거지요. 천만다행인 건 내 아들은 무척 강합니다! 내가 드디어 자유로워진 것입니다! 삶의 자유, 정신의학적으로 이런 현상을 '정신이상'이라 규정하는 것으로 압니다만 어쨌든 본인 목숨을 스스로 처단할 수 있다는 건 인간만이 누리는 마지막 행복일 것입니다!

　사소한 것에 목숨을 거는 것으로 행복을 맛보려 시도했던 난, 이제 그 어떤 미안함이나 부끄러움을 벗어 버리고 진정한 삶에의 자유를 찾았습니다. 마땅한 선택을 하게 되어 난 무척이나 행복합니다. 지난날 내가 짊어져야 했던 엄청난 삶의 무게보다는 가볍고 익살스런, 군더더기 없는 내 모습만을 기억하는 것으로 저와 연을 맺었던 이들께서는 앞으로의 행복한 삶에 보탬이 되길 바랍니다. 참고로 내 기도발 엄청 셈! 혹 나로 인해 조의금이 모아진다면 강진 모란장, 이름만 예쁜 장정화 할매에게 진 외상 방값 이틀 치를 보내 주셨으면 합니다. 잘 놀다 갑니다. 아니, 기분 좋게 갑니다. 머 하느라고 그리들 바쁘신지 원! 내 자기살해 이유가 궁금하신 분은 그 천박한 호기심일랑 거두시기 바랍니다. 왜냐? "니들 알면 다쳐 홍!" 참! 내 침대 선반의 배우 김혜자씨 사진은 내 아프게 사랑한 친구 오 영란에게 전해지길 바랍니다. 아마 영란이도 내 유품 중에 그 사진을 가장 갖고 싶어 할 겝니다. 마지막으로 내 알 바 아니지만서두 혹 내가 쓰던 글들이 돈이 된다면 돈 만들어 우리 북조선에 살고 있는 어엄청 이쁜 아이들에게 전해지길 소원합니다. 꼭요! 다덜 벌떼같이 모여들어 신나는 상갓집을 맹그시길. 흐훗!

7. 원죄

　영등포 뒷골목이었어요. 위생 시설도 제대로 갖추지 못한 낡고 오래된 산부인과였지요. 지저분한 수술 시트에서 역시 소독이나 제대로 했을지 모를 도구들로 그들이 아직 성숙지 못한 내 자궁을 후벼 내던 그때는 거의 모든 의료 환경이 열악한 시대였어요. 학교에서는 가임기의 우리가 스스로를 지키기 위한 몸의 관찰이나 피임에 관한 교육이 전무하였고 성교육이란 프로그램이 없는 건 물론이었으며 이미 육체가 임신 가능기가 된 저희 소녀들에게 '성은 더럽고 추잡한 것이다.'만을 교육하던 야만의 시대였어요. 엄마 아버지의 이혼에 가장 중요한 나를 타락시키는 것으로 세상에 복수하려던 내 사춘기는 그렇게 검은 장막이 확! 쳐지고 말았어요! 수술 후 심한 죄의식과 자책감으로 끝내 고백하고 말았던 그때, 가톨릭계였던 여고의 상담 수녀님은 내게 죄의식만 심어 주었죠! '니가 저지른 죄업을 씻기 위해선 모든 자잘한 즐거움을 중단해야 한다.'는 금욕만을 지시했을 뿐 상한 육체와 피폐해진 정신으로 거의 혼이 나가다시피 한 날 수녀님은 안아 주지 않았어요! 몸부림치며 실컷 울게 두질 않았어요! 그래서 난 지금도 무서워요 예수님! 나의 그 높았던 기상과 강한 자존감이 무참히 무너져 내려 지금까지도 남모르게 자신을 억압하고 있는 이 죄의식! 내가 죽인 생명! 내가 저지른 살인이요 예수님!

사람들은 그런 살해 행위를 흔히들 이렇게 말하지요. "병원 가서 긁어낸다. 지운다. 없앤다. 수술한다. 잠깐만 자고 나면 되는데 뭘?" 이렇게요. 그런데 예수님. 우린 대체 뭘 긁어낸다는 겁니까? 글씨도 아닌데 뭘 지우고 쳐부숴야 할 적도 아닌데 뭘 없애 버린다는 거냐고요? 아무리 철없던 시절에 당한 횡액이지만 그때의 내가 한 짓이 평생 내 발목을 잡는 아킬레스건이 되리란 걸 그때 난 정말 몰랐어요! 그 후로 내게 닥친 불행들에 단 한 번도 억울하다고 대들지 못하며 고스란히 당하고만 살았던 너무도 긴 시간들!

그런데요 예수님, 지금은 내가 좀 억울했다는 생각이 들어요. 이런 내가 뻔뻔한가요? 교활해요? 아무리 그래도 주님이신 나의 예수님, 이제는 날 좀! 이런 나 좀 안아 주세요. 엉엉!

7장

난 사실 이 말이 하고 싶었어요

내게로 보낸 멀쩡한 시

미치지 않고는 시 쓸 생각 말거라
저놈 저거 미친놈 아냐?
들을 배짱 없다면
신성한 시에게로 접근할 생각일랑 아예 말아라!

포크레인으로 파헤쳐져 아파 드러누운
이 땅의 만물들과 몸살 앓을 각오 없으면
"나도 시인입네!" 명함 내밀 생각은 꿈도 꾸지 마시고

그중 난 말짱한 사람이다
스스로를 속이는 기만 멈추지 못하겠거든
아버지께 순종하여 십자가에 못 박힌 사내일랑
그 더러운 입에 애당초 올리지 마시길!

마지막으로 이르노니
착한 것은 아름답다
악한 것은 더럽다! 를
실천할 의지가 없다면 지금 바로
붓을 꺾어라!

1. 우라질 세상

　방금 현관벨이 울리기에 나가봤어요. 두 분의 경찰이더라고요. 휴대폰 속 사진을 보이며 이분 아시느냐? 묻더군요. 12층서 좀 전에 떨어지셨다고. 떨어진 채로 보이는 옆얼굴이라 몇 번을 자세히 보았어요. 본 듯도 하고 낯설기도 하고… "요즘은 엘리베이터에서 마주쳐도 누가 자길 쳐다보는 것도 싫어하니 말도 못 섞고 이웃이라고 얼굴 알고 있기가 어디 쉬워야지요? 뵌 것 같기도 하고…" 했지요. 그리곤 "근데 이 분 어떻게 됐어요? 돌아가셨나요? 어쩌나!" 하니 즉사했다더군요. 가족을 찾는다고. 계단을 통해 아래층으로 내려가며 경찰이 그러데요. "죽은 사람 어떻게 됐는지 묻는 사람은 아줌마가 첨이네!" 해서 그랬죠. "그분 아마 외로워서 그러셨을 거예요. 가난보다 외로워서 자살하셨을 거예요. 그럼 수고하세요."

　옆집에 누가 사는지, 밥을 굶지는 않는지 매를 맞고 살고 있지는 않은지 통 모르는 세상. 우라질 세상! 예수님!

2. 냉담한 시선

참, 예수님! 사람들이 이걸 모르는 거 같아요. '자살이란 자기가 못마땅한 사람이 자길 살해하는 행위이고 타살이란 남이 못마땅한 사람이 그 남을 살해하는 행위'라는 초딩도 아는 단어의 뜻을요.

갈수록 늘어만 가는 자살자의 수는 거지반이 '그런 얘길 왜 나한테 하시는 거예요?' 하는 타인의 냉담한 시선 때문에 자기살해라는 일을 저지른 사람들의 숫자임을 고백합니다.

3. 버리는 것

'사랑하지 않는 무엇이나 누구를 바치는 것은 힘들지 않지만, 그래서 요구되지 않지만, 사랑하는 누군가나 무엇을 바치는 것은 힘들다. 그래서 요구되는 것이다. 때문에, 우리에게 요구되는 모든 것은 힘든 것이다. 사랑하지 않는 무엇이나 누구를 바치는 것은 본질적으로 불가능한 것이다. 사랑하지 않는 것을 누구에게 주거나 바치는 행위는 바치는 것이 아니라 버리는 것이기 때문이다.' 지금은 기억나지 않는 어느 책에선가 본 내용인데 마지막 구절이 내 가슴을 후벼 팠어요 예수님! 바치는 것이 아니라 버리는 것이라는….

내가 수없이 버려 왔던 사랑들이요!

4. 정말 불쌍한 사람

정말 불쌍한 사람은 사람 기리운 거 모르고, 사무치게 그리운 거 하나 없이 일생을 사는 사람이 아닐까 싶어요.

근데요 예수님. 난 왜 사람 손에 유난히도 관심이 많을까요? 어제도 박경리 선생님 동상 앞에 이 극성 미카엘라가 집에서 준비해 간 말린 들꽃을 선생님 손에 쥐어 드리면서 보게 된 손이요. 조각가가 기가 막히게 표현해 놓은, 늘 흙을 만지시던 거칠고 투박한 대문호 박경리 선생님의 손 말예요! 세상의 시선이 아닌, 하느님의 기준에서 진정 불쌍한 이들을 향한 평생의 연민이 느껴지던 작가의 손이었어요!

5. 하겠습니다 아멘!

사과하라는 내 메시지를 다 보지도 못한 그놈은 예상했던 대로 어미의 집을 도둑처럼 다녀갔습니다. 강진 할매 말대로 "오메! 그 모지란 시키럴 으째야쓰까 잉?"입니다.

어째야 쓰겠습니까? 사과를 받고 어쩌고 이젠 다 그만두고만 싶어지네요. '다 그만두고 싶다.'는 자포자기! 시간이 갈수록 나약해지는 이 미카엘라를 예수님, 당신이 바로 세워 주세요! 그치지 않고 있는 이 땅의 성폭행범들의 야만이 침묵하고 주저앉는 나 하나로 끝나지 않음을 알아 이 말세와 같은 세상의 수많은 예비 피해자들을 위해 힘을 내야겠지요? 용기 없는 내게 더 이상 숨기지 말고, 포기하지 말고 연대하라는 메시지를 주셨던 나의 하느님! 예수님이 복종하였듯 당신의 의로운 종인 미카엘라도 그리하겠습니다.

"듣기 싫다! 생각두 하기 싫은 그 추잡한 얘긴 왜 자꾸 꺼내느냐!"며 같은 피해자인 내 언니와 동생은 말합니다. 외로운 싸움입니다. 사람들은 아픈 과거일랑 다 잊고 하느님만을 의지하며 살라 합니다. 말은 쉽지요? 허나, 오십 년 넘는 세월, 내 발목을 붙든 이 분노를 다시 묻어둔다는 건 '종교는 마약이다.'라고 힐난하는 무신

론자들에게 할 말이 없게 합니다. 예수님, 당신이 어떤 삶을 사셨는데요? 당신의 서른 세해의 짧은 생은 지금도 곳곳의 척박한 삶터에서 수많은 기독인들에게 정당한 용기로 부활하고 있지 않나요? 그러니 나를 대신해 십자가에 못 박혀 돌아가신 주님이신 당신을 생각하면 내가 어찌 침묵할 수 있겠어요?

살아 계신 나의 하느님, 그 어떤 물질적인 보상보다 일본의 사과를 받으려 하는 꺼져가는 정신대 할머니들의 남은 삶에의 의지에 난 누구보다 깊이 공감합니다. 내가 당한 수치를 훨씬 능가하는 그 끔찍한 치욕과 수모! 사회적 무심함 속에 너무도 길게 늘어져 버린 세월! 그 오랜 비겁의 침묵을 뚫고 용기 내어 기어이 세상에다 진실을 외친 할머니들처럼 아니, 그 소녀들처럼 하느님, 내게도 용기를 주세요! '이제 와서 새삼스럽게 왜 저래?' 하는 표정으로 날 위축시키는 주변 사람들 앞에 내 이 분노를 그저 한풀이로 그치지 않고 총명하고 사리에 맞게 표출할 수 있는 냉엄함도 허락해 주세요. 그러니까 이 겁에 질린 종은 내 힘으로가 아닌 하느님의 힘으로 말을 할 수 있으면 좋겠어요! 그 꽃 같던 소녀들도 "잘못했습니다. 용서해 주세요."라는 두 마디가 필요할 거예요. 나 역시 그 두 마디면 됩니다 예수님!

사과를 안 하는 야만국 일본처럼 "내가 잘못했다."를 안 하는 그 뻔뻔하고 비겁한 성폭행범에게서 내가 자유로워지는 길은 결국 맞서는 길밖에는 없겠더군요. 용기를 내겠습니다. 그러니 예수님이 보여 주세요. 철판을 간 얼굴에 같은 철판으로 응대하는 법을!

그리고 예수님, 사실 내가 진정 무서운 건 덩치 큰 그 괴물이 무서운 게 아니었어요. 난 괴물의 그 표정이 무서운 거였어요! '통 뭔 말인지?' 할 것이 분명한 그의 뻔뻔한 얼굴을 대하는 게 난 너무도 무섭습니다! 주일이면 교회 가서 열심히 기도할 집사님 얼굴을 대해야 할 일이 말예요!

추석이 다가옵니다. 올 추석에도 과거 수년간 어린 우리 세 자매를 유린했던 그 성폭행범은 도둑처럼 다녀갈 작정이겠지요? 그러나 예수님, 난 겁 많고 소심한 그 변태가 이제 무섭지 않습니다. 아니, 이미 경고장을 보낸 나로선 그 짐승이 무섭지 않아야 합니다! 그는 힘만 세고 덩치만 커다란 미성숙아에 불과하니까요. 모란장 할매 말대로 그놈은 "오메 그 모지란 시키!"니까요. 그러나 막상 그 뻔뻔한 낯짝을 대할 날이 다가오니 예수님, 나 쫄고 있어요! 정의롭고 용감하신 나의 하느님! 이런 내가 당신과 일체감을 느낄 수 있도록 온전히 하나가 되어 주세요. 하느님이 날 지키시는데 대체 내게 무서울 게 뭐 있겠어요? 그 변태가 믿는 하나님이 나는 무섭지 않습니다. 오늘부터 당신의 종 미카엘라는 주님이신 당신 곁에 찰싹!

6. 사과가 먼저

아홉 살짜리 계집애가 울고 있어요. 나이 육십이 가까워서 자궁암이란 수술을 앞둔 한 늙은 여인이 울고 있어요. 죙일 시내를 쏘다니고도 피곤하지도 않은지 또 울고 있습니다. 예수님, 나 사과받고 싶어요! 그놈에게요. 아홉 살! 미처 여물지도 못한 내 아랫도리를 후벼 대던, 공부는 뒷전이고 먹을 것만 밝히던 다섯 살 위 오빠라는 놈에게요. 어린 동생들에게 커다란 손으로 매를 때리곤 벽에 붙여 벌을 세워서 끝내는 지쳐 쓰러져 자는 우리 세 자매의 아랫도리를 씻지도 않은 더러운 머슴애 손으루 후벼 대던! 그 끔찍한 손에게 수년간을 유린당한 기억이 새로워 나 또 울어요 예수님!

누군가, 어느 여성운동가가 그러더군요. 그 상처는 용기를 내어 그 성폭행범에게 사과를 받아야 치유가 된다고요. 쉽죠? 엄청 쉽죠? 예수님, 나의 주님! 용기 없는 날 차라리 미워하세요! 그러게 예수님, 진즉에 정공법으루다가 나갔어야 했는데 말입니다. 오랜 세월 속이 다 곪아 터져! 만신창이 되기까지 속만 끓이고 있었다니 나란 인간은 참으로 비굴했어요!

과거 다수의 사람들은 정신대 할머니들에게 말했습니다
"다 잊으세요 세월이 약입니다. 그 끔찍한 기억 자꾸 되새김질 해 봤자 당신들 마음만 지옥입니다. 당신들이 손해란 얘기지요." 그럼에도 불구하고 할머니들의 집념과 시대적 과제는 대체 무얼 암시하는 걸까요? 당신께선 사랑으로 그 모든 걸 뛰어넘으라 하셨지요? 그래요, 사랑의 예수님! 채찍이 내겐 사랑입니다! 어린 소녀의 성을 유린한 그 야만에 내려치는 채찍이 내겐 인류애입니다! 살아 계신 나의 하느님, 그 어떤 물질적 보상보다 일본의 사과가 먼저인 생명줄 꺼져가는 정신대 할머니들의 단죄 의지에 난 누구보다 깊이 공감합니다. 내가 당한 치욕을 훨씬 능가하는 그 끔찍한 야만과 너무도 긴 세월을 사회적 외면 속에서 용기를 낸 할머니들처럼 하느님, 내게도 용기를 주세요! "이제 와서 새삼스럽게?"라는 말로 날 위축시키는 주변 사람들 앞에 분노를 그저 한풀이로 그치지 않고 차분히 표출할 수 있는 차가운 이성을 내게도 허락해 주세요. 내가 아닌 하느님의 힘으로 외칠 수 있도록!

할머니들은 아마도 저처럼 "잘못했습니다. 용서해 주세요."란 두 마디가 필요할 거예요. 나도 그 두 마디만 필요합니다. 사과를 안 하는 일본이나 우리 세 자매에게 "내가 잘못했다. 정말 미안하다!"라고 한 번만 용서를 빌어도 내가 살 수 있음에도 그걸 안 하는 그 뻔뻔한 성폭행범에게서 내가 자유로워지는 길은 이 길뿐이더군요!

선사과 후위로라고 생각해요. 우선 사과를 받고 비틀렸던 내 어린 시절을 내가 스스로 위로해야겠더라고요. 안 그렇습니까? 분명하신 예수님! 무엇보다 난, 가해자로서 나름 불행했던 그의 유년을 껴안을 의무가 없는 피해자입니다!

7. 위선자

선득 찬 기운을 느껴 밤새 열어 두었던 베란다의 문을 닫고 들어왔어요. 가난한 사람들에게 무서운 겨울이 다가오네요. 긴 방학과 따듯한 아랫목, 그리고 스케이트로 빙판을 지치며 놀 수 있는 겨울이 기다려지던 어린 날과 달리 다가오는 이 계절이 가난한 이들에게 어찌나 냉혹하며 또 무서운 계절이 되는지를 뼛속 깊이 느끼게 된 지도 꽤 되었어요. 아침에 눈을 뜨며 문득 이런 생각이 올라오데요? '추운 겨울은 우리에게 겸손을 가르치겠구나.' 지난여름은 내 힘으로 무엇이든 다 할 수 있을 것처럼 무서운 게 없던 여름이었던 거 같아요. 숨겨진 포악성을 드러내며 그야말로 맘껏 내지른 한 철이었지요. 이미 다 가지어 세상의 주인이었던 당신이었으나 주어진 모든 일을 행하메 "제 뜻대로가 아닌 아버지의 뜻대로 하소서."라는 기도로 가장 척박한 곳에서 가장 낮은 자세로 일생을 사셨던 예수님을 떠올리면 쥐구멍에라도 숨고 싶은 심정입니다! 난 하느님이 이렇듯 포악한 내게 "잘한다! 잘한다!" 응원해 주신다고 생각했던 것 같아요. 가난과 정신적 고통 속에서도 나를 비굴하게 하지 않게 하시는 나의 하느님! 하며 말입니다. 좀 전에 '겨울은 겸손을 가르치겠구나!'란 상념을 문득 하게 되었다 했었죠? 지난여름을 '난 참 솔직한 사람이다.'라며 스스로를 아무리 멋있게 도배했어도 나란 여자는 역시 교만하고 미천한 종이었어요. 승질대로 맘껏 내지르며 말로만 겸손했던 위선자였습니다! 입으로만 하나님의 뜻을 구하겠다 하고서 하는 짓이란 자기의 더러운 욕망을 단 한 치도 양보하지 않았던 내 여름날의 이중성을 봅니다!

8. 고백합니다

  구원의 하느님! 허구한 날 매를 맞던 어린 시절부터 난, 그 누구의 사랑을 받고 있다는 확신이나 안정감 없이 너무도 오랜 세월을 바람 앞에 등불처럼 거칠고 피폐하게 살아왔습니다. 최근 며칠 전까지 강원도를 전라도를 대책 없이 싸돌아 댕기기도 하였습니다. 오랜 세월 교회를 다녔어도 껑깡깽이로 그저 차비나 들구 헌금 한 푼 아껴 가며 왔다 갔다 했을 뿐, 교회와 성당은 외로운 저에겐 교제의 장에 불과했지요. 이 가을 들어서며 나 미카엘라는 무슨 일인지 살아 계신 하느님이신 예수님 당신의 존재를 느끼게 되네요. 하느님 당신께서 이 못난 종을 포기하지 않고 사랑하고 있다는 엄연한 현재 말입니다! 오늘따라 하늘이 무척이나 투명하고 푸르네요! 하느님, 여기 나와 함께 계시는 거 맞지요?

9. 엄마 손

  한 인간의 성장 과정에서 어머니의 영향이 가장 크다 하지요? 한국 남자들 다수의 공통점을 떠올려 보았어요. 문득 이런 이미지가 떠오르데요? 아무리 나이가 먹어도 그들은 단지 낯선 골목에서 엄마 손을 놓친 겁먹은 아이라는, 죽을 때까지 아이로 남아있는 그들 삶의 정체성이요.

아들에게 초딩 때부터 용돈을 집안일 돕는 것으로 스스로 벌어쓰게 하고 18세 이후로는 경제적으로 부모에게 기대지 아니하고 세상을 보는 안목을 넓혀 준 내가, 빛나야할 청소년기에 가난을 살게 한 비정한 어미라고 자책하였던 내가 그래도 괜찮은 어미였음이 드러나는 오늘입니다. 결혼 후 처음으로 아내인 내 무서운 들이댐에 또 집을 나가겠다며 협박하던 스테파노는 어떠한 진심 어린 사과도 없이 두 달이 지나도록 나갈 생각을 않고 있고, 이런 스테파노나 내가 보낸 톡을 끝까지 읽지도 못하는 그 짐승이나 똑같이 엄마 손을 놓친 아이라는 생각. 이제 난 그렇게 결론 짓습니다!

그리고 예수님, 이번 추석에는 그 거짓투성이 존재를 피하지 않고 만나겠습니다. 착한 본성의 스테파노는 가르쳐가며 그냥 데꾸 살래요. 가르쳐도 안 되는 놈은 그놈의 방식대로 쳐서 말로만 하느님을 믿는 '하나님의 교회' 신자인 그놈에게 지옥을 맛보게 하겠습니다! '그러게 누가 날 건딜래?' 하는 의연함으로요. 다만 예수님이 그러하셨듯 겸손한 태도로 보다 엄격하게 내처하겠습니다!

10. 괴물의 얼굴

예수님, 내가 진정 무서워하는 건 덩치 큰 그 괴물이 무서운 게 아니었어요. 괴물의 표정이 무서운 거지요. "통 뭔 말인지?" 할 것이 분명한 그놈의 얼굴을 대하는 게 난 정말로 두렵습니다. 주일이면 교회 가서 열심히 기도할 그 뻔뻔하고 낯짝 두꺼운 집사님 얼굴을 대하는 것이요!

11. 역사적 교훈

그렇습니다. 예수님, 우리 민족이 일본에 요구하는 것은 진심어린 사과와 그에 따른 마땅한 보상과 재발 방지를 위한 보다 구체적인 약속이었습니다. 정신대 문제라는 역사적 사건을 내 문제에 대입해 보니 재밌게도 아니, 아이러니컬하게도 두 사건이 유사하더군요. 수천 년 인류의 진보와 현재의 삶에 개입하시는 주님이신 하느님! 비루하기만 한 삶에서 이 극성이 역사적 교훈을 다 얻습니다그려? 후후!

12. 우리 정희

그러고 보면 예수님, 난 어려서부터 지금까지 엄마 입에서 "우리 정희는" 하는 말을 단 한 번도 듣지 못하고 자랐네요. 엄마는 늘 남들에게 큰언니를 "우리 우희는" 하였지만요.

날 포함한 나머지 세 딸은 그냥 "그년들"이었어요. 그 상처가 지금도 내게 덧나고 있네요!

13. 두 얼굴

박경리 선생님은 '일본산고'에서 일본을 '모순에 대하여 갈등을 느끼지 않는 세계에서 유일무이한 민족'이라고 했지요. 일본에 관해서 만큼은 마치 지렁이에게 왕소금을 뿌리면 온몸이 허옇게 뒤틀림으로 바로 반응하듯이 이성이 마비된 것처럼 치 떨리는 대문호 '박경리 분노'의 정서에는 아마도 작가의 여고 시절 일본인 여교사에게 이유 없이 뺨을 맞아야 했던 기억에 그 뿌리가 있지 않을까 싶어요. 꼼짝없이 당해야만 했던 무력함에 대한 우리 민족과 자신을 향한 분노 말예요! 문학소녀였던 박경리가 그 예민하고 상처받기 쉬운 여고 시절에 다른 데도 아닌 얼굴을 맞았다는 건 죽을 때까지 상대를 미워하고 상대에 집착하며 또 가해자를 아니, 그 민족을 평생 치열하게 파고들게 했지요! 그런 작가의 분노에 내가 바로 공감하며 또 내 저 밑바닥에서 뜨거운 불덩이가 치밀어 오르는 이유란 일본이 아직도 자기들의 잔혹했던 범죄를 깨끗하게 인정하고 용서를 빌지 않았듯 그놈도 아직 내게 두 손 비비며 무릎 꿇지 않았고 더구나 지금도 날 기만하고 있다는 분명한 사실 때문이에요!

  폐암 수술을 받고서 가슴에 붕대를 감은 채로 기어이 토지의 집필을 끝낼 수 있었던 작가의 에너지는 예수님, 혹 '악에 대한 분노'가 아니었을까요? 그리고 또 있지요. 자기 행위의 모순에 대하여 천진스러울 만치 말짱한 얼굴을 하였던 두 사람이요. 친일한 친정 아버지 덕에 그 엄혹했던 시절에 고등 교육까지 받을 수 있었고 몸은 비록 이 땅에 빌붙고 살았으나 마음은 평생을 일본에 가 있으면서 식구인 날 30년 가까이 학대하였던 내 시어머니와 지금도 명절이면 내려와 동생들도 뻔히 아는 거짓부렁을 지 새끼들 앞에서 늘 어놓는 그 모지란 놈이요! 더 말해 무엇하겠어요? 그들의 머릿속엔 대체 뭐가 들어 있길래!

14. 분노

"아니! 내 전환 왜 바루 안 받구 지랄인겨? 무슨 노인오빠가 아침 잠이 그케 많다유? 아! 시방 해가 중천! 아니다! 발싸 올라왔어유!"

"7신디 몰…"

"아니! 7시믄 중천이지! 내가 해가 시방 중천에 떴다믄 뜬 거지! 또 대들어유? 한 번 또 맞아 볼래유? 아조 매럴 벌어유! 매를! 내 여기 전화기론 안 보이니까 속일 생각 말구 벽에 가 두 손 바짝 들구 서 있어욧! 내리기만 했단 봐? 하루 죙일 밥두 안 처맥이구 벌 세울 테니! 그나저나 그 오빤 어됐는겨? 그 월남인지 사우딘지 죄다 댕겨 온 오빠."

"없어."

"헤졌어유?"

"발싸 헤졌지. 그날 기차 내려서 쇠주 한 잔 허구."

"왜? 지구 끝꺼정 가시지? 처남 매부가 아조 똥얼 싸두만!"

"아프댜."

"누가요? 처남이요? 매부였나? 내 이번 물으믄 한 12번쯤 되지만서두 마지막으루 한 번 더 물을께유. 대체 누가 처남이구 누가 매분겨?"

"갈켜 주믄 모해? 또 물어볼 거면서. 3초믄서."

"모욧? 또 대들어욧? 이리 와욧! 아니다 내가 우리 냄편헌티 돈 달래갖고 당장 기차 탈겨! 어디여요 거기?"

박경리 선생님, 아니, 어머니! 저 당신께 다녀온 후 아니, 어머닐 끌어안고 통곡했던 그 날 이후로 계속 떠돌다가 정말 착한 놈들을 만난 거 아녀요? 세상 그 무엇도 미워하지 않고 자기 힘으로 사는 남도의 두 늙은 사내를요. 친정 오래비처럼 날 안고 토닥토닥 재워 주셨던. 아니, 내가 죽어도 놓기 싫어했던 손. 밤새 그 따듯했던 그 손이요! 눈물 나게요! 악을 악을 쓰며 야단치는 날! 악을 악을 쓰며 대드는 날! "그래, 니가 맞다. 니가 맞다." 하던 오빠들. 처음 만난 그날 낯선 여관방서 같이 놀았던 두 잡놈이요 어머니! 이런 기억도 나네요. 시집와 팔 년 만에 가진 아이를 출산 후 몸조리할 적에요. 술 한잔 얻어먹겠다고 갖은 아부를 다 떨며 내 서방에게 치대던 그 새끼요! 아니, 그보다 더 미운 건 어려서 친오래비에게 수년간 당한 성폭행을 어렵게 고백했음에도 성폭행 가해자인 그 새끼에게 계속 끌려 다니며 득남주를 사던 내 남편! 그 성폭행범의 매부란 작자가요. 때리는 시에미보다 말리는 시누이가 더 밉다고 말입니다!

밤새 악을 악을 써 대며 갑질하는 날 말없이 끌어안고 잡은 손 꼭 쥐어 날 토닥토닥했던 남도의 사내들! 허구한 날 성폭행을 당했던 내 어린 날 얘길 듣고는 말여! 그게 진짜 사낸겨! 내 고백을 부담스러워하던 용기 없는 니들관 달리. 쉬어!

사과하라는 톡을 넣었으나 그 톡 이후론 보지도 못하는 병신새끼! 그 오래비라는 물건! 역시 구렁이 담 넘어가듯 넘어가넌 여기 화상! 난 알지요. 용기가 없어서라는 걸. 화이팅 해야겠쥬? 흐흐!

세상은 그러죠, '그런 얘길 왜 나한테 하세요?'
내가 니덜 사램잠 맨글려 그런다! 이 상눔으시키들아! 공감능력 제로! 요 모지란시키들아! 니덜이 당할게뵈! 내가 니덜헌티 고소럴 대신 혀 달래길 혔냐? 그 새낄 잡아 죽이길 부탁허길 혔냐? 그 오빠들처럼 같이 한 번만, 딱! 한 번만 나 붙잡구 같이 울어 달라넌디. 그걸 못햐? 시간이 없으세용? 교양 존나 떨으야써용? 기타 등등 바빠용? 상눔으시키덜! 역사으 수치! 우리 할매덜얼 맥읎이 거냥 보낸 시키덜! 배고파 디지겄네! 왜이케 고픈겨? 울 오빠들! 나 안구 토닥토닥! 잡은 손 놓지 않든 울 오빠들! 니덜이 귀 기울여 들어만 줬어두 울 할매들 곱게 눈 감었어유! 요 모지란 시키덜아! 위로구 보상이구 다 필요 없었어! 요 상눔에시키덜! 아니다! 상놈언 나라를 지켰제? 양반입네 허넌것덜 다아 도망갈직에! 이 썹어먹어두 시원찮을 집엣놈얼 데꾸 사넌 거만 혀두 용햐? 인류애다 이것덜아! 아시나 몰러? 인류애! 따라해 봐. 인류애! 병신들! 앗! 병신두 나라는 지켰당! 이 나라 팔아먹은 나머지 양반시키디+! 엠헌디서 창작으 불얼 지피게 맹글구 지랄여! 지랄이!

'아니 나한테 왜 이러세요?'

그려! 내가 지금 너헌티 왜 이러넌 중이다 왜? 말귀두 못 알어묵년 상눔에 아니다! 나라 팔으묵은 양반눔에 시키들! 예수가 왜 왔간디? 아니, 왜 죽었간디? 니딜 자뻑하라구 그 쌩지랄얼 떠셨겄냐? 그 더러운 마굿간서 악얼 악얼 쓰며 태났다가 부활이니 뭐니 구찮게 또 태나셨겄냐고? 교양있게 예배 바치라구? 헌금 존나 많이 내라구유? 이 이 이! 그냥시키들! 나 화나면 무섭다아? 암튼 부활절만 돼 봐! 니들 다 죽었어?

강진장에서

할매 이거 얼마다요?
웅 이거? 삼천 원

아니!
이거 씨 뿌려 심구 거두려믄!
거두어 한 줄기씩 다듬으려믄!
다듬어 한 단썩 묶어묶어 장에 내려믄!
여 장터 땡볕에 쥉일을 앉았으려믄!
쥉일 앉았다 요기락두 하시려므는!
콜라든 사이다든 한 캔이락두!
팍팍한 목으로
그나마 넘기시려믄!
거진 다 팔아 손주놈 흙 묻은 손, 때 묻은 손에 퍼런 잎새귀 한 장 쥐어 주
려믄!
삼천 원 갖구 되겄예요? 오천 원 받으세용!

오메 이런 뱁이 워딧당가!
나가 양심이 있제?
지두 양심이란 게 있어 드리는 돈여요, 받아 두세용!
오메 오메 시상에 밸꼴이데여?

오메 오메 내새끼만 이쁜중 알고!
나가 죽일 년이여
요런 나가 바로 쳐죽일 년이어라!

8장

나 이제 괜찮아요

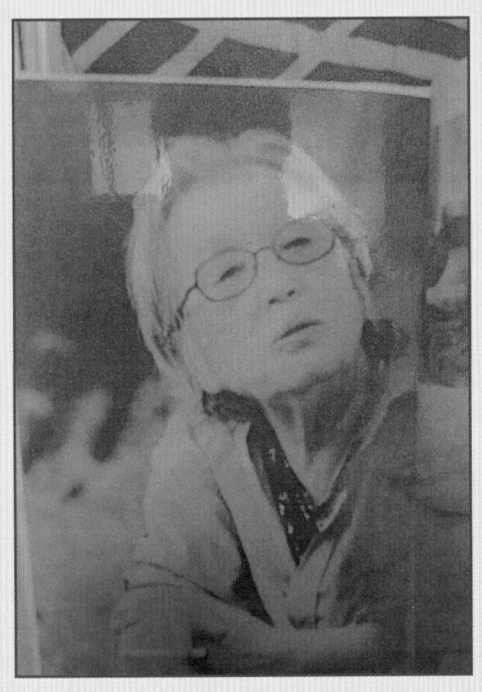

바람

저 다음 생에는 바람으로 태어나게 해 주세요
기분 좋은 산들바람으로요

오늘이 좋아 주저앉는 바람 아닌 바람은 싫어요
가난한 이웃의 지붕이나 날려 버리는 성질 더러운 태풍도 안 할래요!

따스한 햇빛과 동무하여 척박해진 마음들 사알살 위로하는
감미로운 바람이 되고파요

하여 그 바람의 다음 생애는 내 일방통행 접고서 묻는 말에나 대답하는
천상 얌전이로 살기를요

1. 가수 이은미

그거 알었어요. 내게 잔인한 이들은 나보다 못난 놈들이라는 거.
"도대체 나한테 왜 그러세요? 내가 몰 잘못했는데요?"

어제 여관방에서 주워 본 한겨레신문의 '가수 이은미씨'의 인터뷰 기사 중에 이게 눈에 띄네요.
"자기는 두려워하지 않는 것이 아니라 두려워도 하는 것!"이라고.

2. 일방통행

난 왜 그다지도 거칠게, 무례한 태도로 세상과 척을 지며 살았는지요? 한마디로 자기변명으로 일관된 삶이었음을 고백합니다. 나라는 인간, 늘 '기승전 나 잘났다!'로 끝나곤 하던 피곤한 일방통행이었음을! 이런 내게 돌아서서 비웃었을 많은 이들. 이런 내게 무덤덤했을 더 많은 이들. 또 이런 내가 안쓰러워 약간의 호의를 보여 주었던 이들. 이렇듯 미천한 날 힘닿는 데까지 형편껏 도왔던 더 많은 이들. 이 못난 당신의 종 곁에서 같이 울어주던 피 같은 내 친구들!

3. 겸손

온유하신 예수님. 마음 가난한 사람으로 저희와 같이 살던 우리 주님! 오늘은 성질 급하고 화도 잘 내는 나 미카엘라가 하느님이 주신 단 한 번뿐인 생을 기껏해야 남보다 잘 사는 것으로 만들려 했던 참으로 부끄러운 자화상을 고백합니다. 따라서 요즘 들어 계속 엉클어져 가던 나의 일상이란 하느님을 사모하는 데 쓰여야 할 에너지가 끊임없이 남과의 비교에나 집중되곤 하던 비루한 삶의 결과물임을 이 미련한 종 이제 압니다.

그리고 예수님, 우리 인간들이 하찮게 여기는 미물들을 볼 적에 줄지어 열심히 먹이를 나르는 개미 행렬을 보며 앞서 가는 놈을 특별히 멋있다고, 최고라고 찬탄하지 않는 거처럼 하느님의 시선으로 바라본 우리 인간들의 삶의 모습이란 서울 강남의 5~60평대 아파트에 산다고 으스대는 모습이나 낮고 험한 곳에 엎드려 사는 모습이나 거기서 거기인 죽음이란 종점으로 가는 긴 행렬임을 이 늙은 종 이젠 압니다!

그리고 또 하나요. 당신도 아시다시피 난 이제 세월이 쏘는 화살처럼 느껴지기 시작하는 60대에 접어들었습니다. 하여 드리는 말씀입니다만 바라옵건대 예수님, 죽음으로 가는 내 남은 여정에 이제 그만 '겸손'이라는 단어의 뜻을 몸으로 깨치고 또 그리 살아가도록 당신이 함께해 주시길 간절히 소망합니다.

겸손 고것만 되면 요 미카엘라의 인기는 그야말로 하늘을 찌를 것 같은디?

으! 나 또 교만 교만했슴다. 망할!
세상 겸손하신 나의 예수님!

요즘 뜸하게 지냈던 분들과 우연찮게 만나 인사를 나눌 때면
"요즘 어떻게 지내세요?"
하는 말을 흔히 듣지요.
"뭐 간신히 살아요. 잘 지내시죠?"
난 이렇게 답하곤 한한답니다. 허나 내가 '간신히'라고 답한 이유가 간만에 만난 지인이 혹여라도 내게 뭘 부탁할까 보아 미리 연막치는 게 아니란 걸 예수님은 아셨으면 해요. 그건 다들 살기 가파른 요즘에 혼자서만 '난 사는 게 신나 죽겠다!'는 답으로 내가 혹 간만에 만난 지인을 위축시키지 않을까? 하는 나름의 배려에서입니다.

당신의 지난한 삶이 가르치신 '배려'를 요즘에 써먹을 기회를 주시어 진심 고맙습니다.

4. 천국은 없지요?

모두가 헤! 하고 행복하기만 한 곳이 천국이라면 난 가기 싫어요. 반면교사라고 '아! 저렇게 살면 안 되겠구나!' 하며 나부터 과거보다 조금 더 나은 삶을 살려 하는 지금이 천국살기 아닐까 싶거든요. 생전에 단 한 권의 책도 본인 이름으로 남기지 않고 떠나신 '무위당 장일순' 선생님이 자주 생각나는 올가을입니다. 당신 생전에, 사시던 집 근처 계곡에서 미친개처럼 밤새 술을 마시다 당신 옷자락에 토해 대던 그 쉬내 지독한 뻘건 토사물을 계곡물로 닦아 내시며 저도 데려가 씻기시곤 당신 등에 업고서 방에 옮겨 뉘어 놓으신 그날 밤, 선생님 붙잡고 밤새 통곡하는 만취된 나를 말없이 토닥여 재우고 나가시던 무위당! 이십 년이 넘은 세월이지만 뇌리에 또렷이 새겨져 지금도 잊혀지지 않는 말씀이 있지요. "그냥 살아. 그냥 사는거여 미카엘라!" 진즉 선생님 말씀 새겨듣고 살 것을 그냥 살지 못하고 헛헛한 들개마냥 욕망 쫓아 쏘다니다 나 지금 이렇게 또 아파요!

억지로 살지 않겠어요. 하느님 당신께서 허락하신 이곳 지구라는 별에서 잘 놀다 가라고 주신 짧은 생, 악착같이 살지 않겠어요. "분노는 세상과 약자를 위한 것이어야 해. 자신만을 위한 분노는 반드시 화를 부른다." 최근 폭 빠져 시청하는 '열혈사제'란 드라마에서 새겨들은 대사예요.

　게으르게 살지 않겠어요. 하루하루 열심을 다하다가 하느님께서 거두실 때 그때는 순하게 복종하겠어요. 오늘 스테파노와 병원을 찾는 날이에요. 나보다 더 긴장하는 스테파노를 보며 나 괜히 우스웠어요! 오해 마셔요 예수님, 내가 인생을 장난허듯끼 살지 않았다는 건 당신이 더 잘 아시잖아요? 누구보다 진지하게, 그 누구보다 치열하게 달려온 오십여 년이었다는 것을요! 당신의 종, 법륜이 깨우쳐 준 '하루를 살자.'를 순하게 받아들인 후 혁명적인 변화를 일으킨 나의 삶! 사랑하는 예수님, 당신도 늘 하루를 살지 않았는지요?

5. 예수님 재주껏?

　예수님, 이제 화해할게요. 수년간 어린 계집애의 몸을 뱀처럼 유린했던 그 끔찍한 머슴애 손일랑 당신이 기억하시고 바닥난 자존감으로 수십 년을 너무도 힘들게! 미련하게 산 여기에 있는 연정희라는 여자와 나 이제 그만 화해할래요. 그놈을 용서하겠단 건 아니에요. 용서는 하느님의 몫이겠죠? 난 다만 내 자리에서 내가 할 일을 할 뿐, 더 이상 그놈이! 지금도 유들유들 뻔뻔한 그놈이 다시는 하느님의 사랑하는 종 미카엘라를 건드리지 못하게 용기 내어 말하겠어요. 그러니 예수님이 알려 주세요. 철판을 깐 얼굴에 같은 철판으로 응대하는 법을! 당신 재주껏(?) 하느님의 정의를 중계해 주시길 제가 원합니다.

이 무거운 숙제를 예수님, 당신께 모두 떠넘기고 나니 잠이 솔솔 오네요. 오늘 아침 스테파노 출근길은 배웅 못 하겠어요. 그 일도 좀 해 주셨으면. 요 앞 엘리베이터까지만 바래다 주시면 되어요. 호호!

6. 미나리 강회

아이고! 아이고! 해 가며 지가 맡은 낼 교회서 먹을 찬을 만들며 이런 생각이 드네요? 그동안 아무 생각 없이 허벌대며 맛나게만 먹던 밥이 이런 수고를 거친 것이었구나! 미안 예수님! 나 철이 너무

늦게 들었어요.

아이고오! 보통일이 아니구마!

주님 주님! 그동안 '모르는 척!' 염치 없이 읃어만 묵던 지를 용서허씨요! 앞으루다 증말 잘헐게라! 넹?

아이고오!

뭘 혀두 시끄러운 이 미카엘라.

아이고오! 아이고오! 징징대가며 미나리 강회 할 재료 준비 이제 다 했슈! 스테파노가 묵고잡다는 열무김치꺼정 담가 가며 다 해치웠슈! 손질 많이 가는 강회일랑 이제 스테파노가 와서 함께 이이쁘게 돌돌 말기만 허믄 된당게로? 죄라믄 "나 미나리 강회 잘해! 엄청 잘해!"라고 오두방정 떤 요 입이 죄여라! 낼 지가 맹근 요 미나리 강회 맛 없다 허넌 놈은 예수님 당신이 사흘간 확! 엎히게 혀 주싯요! 근디요 예수님, 요 평소 완벽주의자 미카엘라가 헌 결정적 실수 하나! 갑오징어루 혀야 헐 오징어숙회를 거냥 오징어로 혀부렸당게요! 아이고오! 지 낼 폼 안 나게 생겼슈! 지가 사실적으루다가 돈 애낄려구 그란 건 아녀라. 예수님두 아시쥬? 사실 지가 허당 정희여라! 거냥 세월아 네월아 하겠습네당!

그나저나 저 정말이지 간만에 가족이 아닌 남을 위해 음식을 만들어 보네요. 그간 내가 많이 외로웠구나 싶었어요! 웃어야 할지 울어야 할지, 거 기분 묘하네?

만나자마자 숨 가쁘게 내 근황 및 내게 일어난 사건 등을 따따부따 보고하는 나에게 후배가 붙인 별명이 '성화동일방통행'이어요. 내가 느끼기에는 아주 심각한 일들을 사람들에게 열변이라고 토해내면 별 반응이 없어요. 간단하게 혹은 심드렁하게
"아 네에." 이거나 "그랬군요." 혹은 "좋은 생각이시네요."
김 빠져요 예수님! 여담으로 20년 전쯤 됐을까요? 일본서 몇 개월 살았을 때 매일 가던 찻집이 있었어요. 주인 마담이 한 50대 중반쯤 되었는데 단골손님이건 처음 온 손님이건 간에 격의 없이 일상적인 얘기부터 정치 문제나 경제 그리고 역시 빠지는 법 없던 연애 얘기까지 그 찻집에선 수다 마당이 늘 펼쳐지곤 했었죠. 그들은 타인에 대한 관심이 아주 많았어요! 때론 미간까지 찌푸려 가며 무척이나 진지하게 말예요. 지금 돌아보면 그건 참견이 아닌 관심이었어요. 그때 난 그들의 구체적인 대화 내용은 잘 못 알아들었어도 같이 간 시누이의 간단정리한 통역을 통하여 대강의 대화 요지는 파악하고 있었죠. 하루 일상을 보내는 그들의 태도가 무척 신선하고 또 흥미로웠어요!

타인에 대하여 혹은 사소한 일상이나 사회 현상에 대하여 진지하게 대화하고 싶어 하는 것이, 그런 내가, 내가 사는 이곳 대한민국에서는 왜 그렇게 이상한 거예요? 왜 내가 손가락질받거나 '따'를 당해야 하는데요? 이제 우리 대한민국도 그들 못지않게 경제적으로나 뭐로 보나 풍요로워졌잖아요? 물질만 풍요로워진 마치 재앙과도 같은 풍요인가요?

그래요 예수님! 나 눈치 없어요. 눈치 존나 없어요! 나 계산 같은 거 잘 못해요. 아니, 안 할래요 그 계산! 소탐대실이라고 그렇게들 틀에 박혀 살다가 후에 누구 삶이 더 풍요로워지는지 어디 한번 보자고 그 감동 없는 사람들께 전해 주세요. 다시 말하지만 다 늙어 누구 삶이 더 풍요로워져 있는가? 그때 가면 알지 않겠어요?

바로 어제 있었던 일이여요. 이번 주일 만찬에 내가 맡은 7-80명분의 반찬 한 가지를 준비하러 시장을 갔어요. 생선가게와 야채가게에서 재료를 잔뜩 사고 나니 집으로 들고 갈 일이 난감한데요? 좁은 시장통이라 택시 잡기도 여의치 않았고요. 야채가게 주인에게 골목 끝 대로변까지만 내 보따리를 들어다 달라고 부탁했죠.
"아줌마! 내가 가게 비우고 가요?" 하더라구요.
나, 아 맞다! 싶었겠죠? 하여 지나는 아저씨께 부탁했어요. '별

꼴이네!' 하는 표정으로 대꾸 없이 가시던 길 그냥 쭉 가시데요? 근데 내 옆에서 금발머리에 배낭을 멘 훤칠한 백인청년 두 명이 토마토를 고르고 있더라고요. 이 호기심 덩어리가 야채가게 사장에게 말했어요. 내기를 엄청 좋아하는 요 승부사가 말예요!

"사장님 우리 만원빵해요. 내가 쟤네들한테 이 보따리 택시타는 데꺼정 들어달라 해서 쟤들이 들어다 주믄 나 만원 깎아 주시는 거야요? 거절당하믄 내가 만원 더 드릴게. 좋아요?" 했죠. 그 사장 당근 좋다고 했겠죠? 하야 이 '성화동 일방통행'이 그 둘에게 말했어요 아니 손짓 발짓 모두 동원해 부탁을 했겠죠?

"이거 쪼기루! 언더스탠?"

말 끝나기 무섭게 금발 청년 둘이서 눈 마주쳐 찡긋 웃더니 내 보따리 세 개를 나누어 들고 가데요? 난 가벼운 손가방 하나만 달랑 들고서 두 금빝을 앞서가다 뒤돌아보며 그 야채가게 주인장께 말했어요.

"만원은 팁이야요 사장님!"

짧은 동행이었지만 짧은 영어로 물었어요.

"훼얼아유?"
"아! 뉴질랜드."
"코리아랭귀지 노우?"

"아 쏘리쏘리! 노."
"땡큐땡큐! 아이 원트 유어 해피트레블!"
"땡큐!"
뉘집 자손인지, 그놈들 매너 좋데요 예수님?
택시까지 잡아 주고 뒤 트렁크에 내 보따리 세 개를 모두 넣어 주고는 트렁크 문 쾅! 닫으며 손꺼정 바이바이 하드라구요 글쎄! 나야 뒷좌석에 교양 있게 앉아 우리집까지 온 거 아임까? 에휴! 예수님 나 오늘 이렇게 놀았어라!

잔소리 하나 더,
이웃에서 내게 우리집에 와서 뭐 하나만 도와달라 하믄 하던 일 제쳐두고 바루 달려가요 나! 요집은 어떻게 사는가? 무얼 좋아하고 무얼 혐오하고 어떤 즐거움이 있는가?를 알게 되는 게 난 참 좋아요. 이런 내가 이상해요 예수님? 모지란 거예요? 최근 자칭 붙인 별명이 그려! 나 '왈순아지매다!'예요.

시장 가서 쪽파 겨우 한 보퉁이 펼쳐 놓구 파는 할매 옆에 쭈그리고 앉아 같이 쪽파 껍데기 벗기며 할매 손주 자랑 들어 드리고 그 쪽파 내 장바구니에 우겨 넣어 주시는 할매 튼손 거절 안하구 냉큼 받아오는 지가 이상해요 예수님? 자전거 여행 가다가 밭매는 시골 노파 옆에 붙어 앉아 호미 한 자루 달라 해서 함께 밭매다가 그 혼저 사는 할매집꺼정 따라가 저녁밥 읃어 먹으며 된장 칭찬두 해 드리고 설거지는 당근이겠고 자리 깔구 따순방에 오늘 첨 본 할매랑 손잡구 자다 담날 길 떠나는 내가 그렇게나 이상해요?

고양이 키우게 해달라고 남편을 몇날 매칠 쫓아댕기는 내게 "당신! 괭이 데꾸오기만 해봐? 난 하마 데려올겨!" 하던 남편의 심통에 뒤집어지며 깔깔대다 남편을 와락! 끌어안고 뽀뽀세례를 퍼붓는 내가, 밖에서 그 웃기는 에피소드를 수다 떨면 나만큼 웃어대지 않는 사람들이 도무지 이해가 안 되는 내가 그렇게나 이상해요 예수님? 하마가, 그 덩치가 산만한 애완 하마가 그 쪼그만 눈을 이리저리 굴려 가며 20평두 안되는 우리 집 좁은 아파트 거실에서 어슬렁거리고 있다고 상상해보아요 예수님! 그 얼마나 웃겨요? 웃기자나요? 그런 의미에서 예수님 나 부탁 한 개만 할게요. 나 같은, 똑! 지 겉은 푼수떼기 한 명 친구하게 찾아 주서요. 나와 유머 코드가 맞는 친구 한 명만요 네? 맨날맨날 지가 밥 사 맥여 가며 수다 떨어야 헌데두 좋아요 예수님! 아셨죠?

사람들이 뭣이 중요한가를 몰라요 예수님. 어제 아픈 몸 끌고 시장 봐와 오늘은 책임진 미나리 강회 맹글려다 힘이 들어 다 완성을 못하고선 이렇게 혼잣말을 했어요.

"아이고오! 낼 교회좀 일찌감치 가서 집사님들께 아님 목사님께 함께 만들자 하지 뭐!"

이따 보믄 알겠죠? 누가 누가 달려드는가를요. 히히! 내가 간을 본다고요? 그래요 예수님, 나 앞으로 간 보구 사람 사귈래요. 배우 김혜자씨 말대로

"아무렴 어때요?"

7. 평화의 예수님

자다 일어나 꿈이 중단되었어요.
1. 나의 일생이 파노라마처럼 빠르게 지나가데요?
2. 현 시점으로 돌아오며 내 곁에 머문 사람들의 잔상!

그러다가 잠이 깼어요. '하느님이 혹 나를 데려가시려는 것일까?' 하는 의혹이 문득 들데요? 평안했어요! 언제라도 죽을 준비가 되어 있다는 뜻이 아닐까? 이런 평안함까지 나를, 이 못난 미물을 데려다 놓으시느라 수고했어요 예수님! 그저 수고하셨다는 말밖에!

평화의 예수님. 난 요즘, 이 모지람을 순하게 받아들이고 나니

이렇게 평안할 수가 없네요! 스테파노 말대로 내가 그간 세상에 그 얼마나 각을 세워 왔습니까? 가진 장애를 들키지 않으려 수없이 시도했던 긴장과 튀는 언행들은 나 자신은 물론이고 타인을 괴롭힌 잔인한 세월이었습니다! 진짜 실력이 있는 사람은 결코 자기를 과장하지도, 위장하지도 않음을 난 이제 압니다. 인생 후반기로 접어든 이제까지 날 포기하지 않으시던 나의 하느님! 주님이신 예수님과 내 주변인들께 감사합니다! 오랜 세월 내 못난 짓거리를 말없이 받아넘긴 수많은 그니들에게 인생의 한 고개를 넘은 기특한 모습으로 다시 다가가렵니다. 주안에서!

8. 성화동 뻥뜯기의 변신

오늘은 맘고생, 몸고생을 좀 많이 한 날이었어요. 하야 내가 나에게 뭐래도 하나 사 주고 싶어졌지요. 이름하야 self 선물이요. '봄바람 휘날리며~~' 자전거를 타고 동네 한 바퀴를 돌다가 평소 눈여겨 봐 뒀든 의류샵을 들어갔어요. 철이 바뀔 적마다 철 지난 옷을 엄청 저렴하게 세일하는 우리 동네 가게로요. 사실 봄이 바삐 가긴 해도 다 가신 건 아니었어요. 아무튼 예전부터 내가 입고 댕기는 옷이란 게 세일즈우먼인 큰언니의 옷을 물려받거나 교회 집사님이고 친구고간에 닥치는 대로! 하다못해 배짱꺼정 부려 가며 삥 뜯어다 채려 입는 옷이었지 내 돈으로 옷을 사는 일이란 건 여간 낯선 게 아니었어요. 근데 오늘은 아니에요! 세일하는 철 지난 옷을 장장 세벌이나 산 거 아닙네까? 한 두어 시간만 요리조리 재 가면서 고르면은 패션 감각 뛰어나고 게다가 몸매꺼정 받쳐주는 요 상극성이 기맥히게 섹시발랄한 스타일을 못 만들 리 있겠습니까? 헤헤! 더도 말고 덜도 말고 딱! 세 벌을 골라 샀어요. 세일 제품은 입어 볼 수 없다는 매장 직원의 쌀쌀맞음에도 기죽지 않고 몸에 대고 거울에만 비춰 보며 산 봄옷들은 집에 와 입어 보니 연예인이 따로 읎더라고요. 글쎄! 껌값인 삼만원에유. 하하!

세탁해서 입을 생각에 바구니에 들어 있던 빨랫감들과 구분하려 세탁망에 곱게 넣은 다음 세탁기 버튼을 눌렀죠. 설거지 등등의 집안일을 하는 동안 약 50분 후 세탁은 3번의 탈수까지 마쳤고 해서 베란다로 나가 빨래를 널었어요. 하늘하늘 가는 털실의 원피스는 어깨선이 늘어지지 않게끔 옷방서 부러 가져온 둔중한 옷걸이에 걸어 널며 탈수로 구겨진 옷감을 정성스레 두드려 펴 주었어요. 근데요 예수님. 나 눈물이 나데요? 나란 여자, 단 한 번도 이렇듯 내 옷을 아기 만지듯 아껴가며 살살 빨래한 적이 없었다는 생각이 들어 괜히 서러운 거 있죠? 양말이고 청바지고간에 T와 잠바까지 마구 섞어 아무렇게나 빨래를 돌려 입고 댕기던 나! 예수님, 나 참 나를 소중하게 다루지 않고 오래 살았구나! 하는 회한이 일더라고요. 그런 눈물이었던 거 같아요. 자신을 소중하게 다루지 않으면서 난 어찌 타인에게만 사랑 받으려 이 오랜 시간을 정작 자신과는 불화하며 살아온 걸까요? 나 정말이지 헛살았더라구요!

9. 속죄양

오늘은 한 모지란 사내를 위해서 기도합니다. 1남 4녀의 맏이로 태어나 아버지에게 늘 맞고 자라야 했던! 먹는 것만 밝혀대고 입만 열면 거짓말을 늘어놓던 사내아이의 현재진행형인 삶에 대해서요. 딸들에겐 손끝 하나 대지 않는 아버지였건만 당신에겐 하나뿐인, 게다가 장남인 아들에 대한 기대란 게 사실은 무척이나 컸겠지요? 하지만 예수님, 그 게으르고 먹을 거만 밝히며 아비의 기대치에는 조금도 미치지 못했던 덩치만 유난히 커다란 사내애는 학교에서 열등생으로서 받았던 체벌을 집에 오면 자기보다 약한 대여섯 살이나 어린 여동생들을 때리고 벌세우는 것으로 학교에서 받은 체벌에 대한 보상, 그러니까 그 어떤 카타르시스를 느꼈던 거 같아요!

　근데요 예수님, 오늘은 내게 그 사내아이가 보였어요. 아비의 커다란 손바닥으로 쳐 맞기도, 그런 공포에서 도망 다니기도 하는 사내애의 행동반경이 내 눈에 선연히 그려지데요? 더러운 시궁창이 가로지르는 산동네의 골짜기부터 제법 잘 정돈된 번듯한 주택가의 골목까지 이사를 자주 다닌 골목골목은 아버지가 세상에서 가장 무서운 지지리도 공부 못하고 못생긴 아이의 피난처요 놀이터였을 거예요!

　생활력이 무척이나 강하고 승부근성 또한 뛰어난 억척스런 엄마 덕에 저희 형제들은 너나 할 거 없이 거지반 궁핍했던 시절에도 과외 수업을 받을 수 있었지요. 따라서 손에 쥐게 되는 용돈이 꽤 많았던 그 아이는 외모도 안 되고 공부마저 뒷전이라 아마도 친구들을 돈으로 사귀었을 가능성이 큽니다! 그렇지요 예수님? 친구와의 우정을 침 묻은 돈으로 사야만 했던 비루한 그 남자 아이! 안 되는 머리로 과외라고 책상에 붙들려 앉아 있어야 했던 한창 뛰놀아야 했던 열 살배기 그 소년! 자기 엄마에게 가해지는 아버지의 잔인한 폭력을 제일 일찍 목격해야 했던 한 집의 장남인 불행한 머슴애는 자기 아내를 성 쾌락의 도구로만 알아 낮에는 소같이 일만 시키고 밤이 되면 별 희한꼴랑한 체위로 관계에 탐닉하던! 그런 아비의 영향으로 결국 성에 일찍이도 눈을 떠버린 몸만 커다란 어린애였을 거예요! 그리하여 그 분노를 어디서도 위로받지 못한 채 자기보다 연약한 여동생들에게 터트리게 되었던 덩치만 커다랗고 못생긴 사내애가 제 기억 속에 보이네요.

현재 60이 넘어서도 거짓으로 일관된 삶을 살고 있는 그 세상 못난 인간인 내 피붙이는 사기를 치다시피 간신히 장가라고 들어 아비 되어 가족 부양은 간신히 그럭저럭 하는 모양입니다만 한 가정의 가장인 그가 늘 불안해하는 모습이 오늘은 제 마음에 잡히는군요. 아침 눈 뜨고부터 잠자리까지 거짓으로 일관된 삶을 지금도 살고 있으니 말예요. 내 오빠라고 입에 올리기조차 구역질나게 싫은 그 사내의 일생이 이렇듯 한눈에 들어오기는 처음인 거 같아요!

'하느님의 교회'라는 사람들이 이단으로 취급하는 종교집단에 의지해 자기 삶의 당위성을 확보하려 안간힘 쓰고 있는 이 거짓투성이의 사내를 예수님, 미안하지만 당신께서 가끔씩 돌아보시길! 그놈보다 잘난 것 없는 난 도무지 용서가 안 되니 말입니다.

하느님의 독생자이신 예수님! 이해, 용서 아무튼 기타 등등의 훌륭한 그 모든 걸 주님이신 당신께 떠넘겼으니 난 이제 그만 놀러 나갈래요. 왜유? 뭔가 밑지는 장사 한 거 같으셔유? 그러게 누가 속죄양으로 등록하시래유? 킥킥!

어서 오세요!

헛된 인연

동백이 뚝뚝 떨어지는 절정을 보기 위해 찾았던 남도는
아직 붉은 꽃 제 몸서 버리지를 못하고
바람 앞에 그저 떨고만 있었습니다

여행짐 부리고 난 아파트 창가엔
누가 성질 급한 도시것 아니랠까 보아
이미 붉은 꽃 후두둑 떨궈 낸 동백이 보였습니다
바람이 도와주지 않아도 가차 없이 제 몸 흔들어 이별을 준비하는 동백이
나 괜히 좋았던 게 아니었나 봅니다

세상 붉게 물들여
두근두근 뜨거웠던 할매들 설레게 하고
바닥마저 온통 선연히 타오르게 하는 동백이란 작것을!
굳이 멀리멀리 기차 타고
물어물어 찾지 않아도 될 뻔했습니다

나란 미물,
또 헛된 인연 만들고야 말았습니다

1. 무사

 주님 주님! 지가 말여유! 하두 싸돌아 댕기다 본께 말여유! 하나 쯤 건진 게 있잖겠어유? 글쎄 저한테 불친절한 사람은 상처받은 사람이더라고요. 나 시방버터 상처 안 받을 자신! 아니, 상대가 줘두 나야 안 받으믄 그만인 자존감 하나는 건져 갖고 집엘 가유!

 하늘나라가 그대들 것인 마음 착한 이들에게 선한 목자로, 악의 무리에겐 당장에 처단해야 할 천하에 몹쓸 놈으로 매도당해 채찍질까지 당하셨던 나의 예수님! 당신이 거짓말쟁이보다 위선자를 더 미워하였던 이유란 거짓말은 자신은 알고 있으나 위선은 자기를 정면으로 보지 못하는 겁쟁이들이나 부리는 진상이기에, 그 폐해가 자기 하나로 끝나지 않는다는 거에 있지 않았나 짐작해요. 내 청주 가면 일회용 장갑도 끼지 말고 자기의 거시기를 닦으라고 저를 모욕하고 종당에는 내 밥줄꺼정 자른 그 할배 환자한테 가서 정식으로 사과를 받아야겠어요! 자비로 충만했던 부처님 세계에서 완벽하게 충전하고 온 요 막강한 체력으로 말예요! 사과 못 받으면 세상에서 그 좋다는 돈이락두 뜯어내면 되지유 뭐? 국가자격증이 있는 나름 의료계 종사자였든 나인데 외과 칼잽이는 못 되더라도 간병사가 칼을 뽑았으면 하다못해 무라도 베어얍지요? 안 그렇습니까 예수님? 빠스 지나고 손 흔든 꼴 되어 지헌티는 참으로 미안허게 되앗지만 말임다! 그런 의미에서 우리 예수님도 아자아자 화이팅?

2. 과부 땡빚

터진 입이라구 요롱케 정신 사납게 나불나불 댔으니 과부 땡빚을 읃어서락두 우리 주님 영양제락두 한 통 사다 드리든지 해야지 원!

3. 아무럼 어때요?

주님 주님! 좋은 생각이 있어요! 우리 은우 장가들 적에 말예요. 암만 궁릴 해 봐도 저희 부부가 전세방 하나 얻어 줄 주변머린 없고 해서 말인데요. 나, 우리 은우가 태어난 해의 동전을 모으기 시작했거덩요. 오백 원짜리 한 개! 백 원짜리 한 개! 오십 원짜리 한 개! 십 원, 오 원, 일 원짜리꺼정 모아모아 합치면? 합 616원이걸랑요? 은우가요 이게 뭐야아~~~!!! 허구 쳐 울면요? 생글생글 웃으면서 난 이럴 거여요. 또 알아? 한 100년쯤 후엔 어엄청 뜰지! 아브라함처럼 오래오래 사세요 윤은우웅! 깔깔!

4. 모란장 할매

하느님을 주님으로 만나고 처음으로 감사의 기도가 매일처럼 나오는 봄이에요. 여기는 전남 강진, 이곳은 제가 한 여인에게 반해 세 번째 묵게 된 여관이고요. 이 여인과 전 손과 객으로 처음 만나 "사장님, 저 물 한 병만 주세요." "저기요 수건 한 장 더 주세요." "사장님, 요 근처에 백반 잘하는 집 있나요?"라는 타지서의 손과 객의 의례적인 말 외엔 말 섞을 일이 없었지요. 그런 그녀와 햇수로 2년이 넘은 지금까지 수시로 전화 수다도 떨며 좀 귀한 게 생기면 바로바로 택배 부쳐 서로 나눠 먹는 사이가 된 건 우연이 아녔던 거 같아요. 말하자면 전생에 심상찮은 인연이 있었다고나 하까유? 히히.

아무튼 난 돈만 생기면 제주도 빼고 전국을 떠돌다가 내가 제일 좋아하는 꽃나무인 동백을 보기 위해 인터넷을 뒤지던 중 전남 강진과 연이 닿게 되어 기차 타고 버스 타고 강진을 갔지요. 수일을 묵게 될 짐이 많은 여행객은 우선 짐부터 풀어야겠기에 여관부터 잡았어요. 강진 시외버스터미널 근처로요. 여관 이름이 제 맘에 끌리데요? 모란장. 어쩐지 모란만큼 이이쁜 여인네가 카운터를 지킬 것만 같은. 그런데 썩 이쁘진 않아도 귀염성 있고 피부결이 고운 할머니였어요.

"유홍준 교수님이라고 아주 유명한 교수님이 계신데 그 선생님 혹시 여기 묵은 적 있으세요?"

"누군디요?"

"아! 올라오다 보니까 이 여관 옆에 해태식당이라고 있어서요. 그 유홍준 교수라는 분이 쓴 책 중에 '우리 문화유산 답사기'란 책이 있는데 그 책에 나오는 해태식당이 혹 그 식당인가 해서요."

"잘 모리는디요."

"그러세요? 제가 이따 밥도 먹을 겸 가서 물어보지요."

잡은 방에 짐을 부리고 간단히만 씻고서 저녁 먹으러 내려갔어요. 그 해태식당이 맞긴 맞더라고요. 다른 곳처럼 요란하게 유홍준 교수와 함께 찍은 사진 등을 걸어 놓지는 않았지만 식당 주인에게 물으니 남도 답사 때마다 들르시는 유홍준 교수의 단골 식당이더라고요. 답사 끝나고는 한 번도 안 오신다는 식당 주인의 말도 들었어요. '허긴 답사 끝나고 책까지 내구 장관꺼정 허넌 양반이 단

골이라구 자주 내려오믄 그놈이 먹을 것만 밝히는 놈이지 어데 성한 놈이겄어?' 하는 생각을 남몰래 하며 가격이 좀 쎄도 한 번 먹어보자! 지금 안 먹으면 언제 또 먹을 수 있으랴! 하는 집념에 주문을 했더니 1인분은 안 된다는 게 매니저의 대답이었어요. 허나 와인 하나는 원 없이 드셨을 나의 예수님! 지가 맛난 음식 먹을 기회를 포기하는 일이 지금껏 살며 단 한 번이락두 있었간디유? 막말루 2인분 이상에 무릎 꿇을 나겠냐구요? 바로 올라가 여관집 할매를 꼬드겼지라!

"저어 사장님. 혹시 저녁 드셨어요?"
"아즉 안 했는디요. 와 그라는디요?"
"그럼 제가 오늘 저녁식사 대접하면 안 될까요?"
"뭔 저녁이다요? 시장허시믄 여 책자 많은께 하나 시켜 듯씨요!"
"그게 아니구요. 여기 여관 옆에 있는 해태식당이란 데서 밥 좀 먹고 싶은데 거기는 한정식집이라 일 인분은 안 된다고 해서요. 저녁 전이시면 저랑 그 집 가서 밥 먹자고요."
"나 시방 여 카운터 지켜야 쓰는디 딴 사람 읎소?"
"딴 사람이 없으니까 부탁하지요. 저 강진은 처음이거든요."
"가만, 거그넌 조반두 헌다 하등마 낼 아침에 가 먹으믄 안 되겄소?"
"그래요? 그러죠 뭐. 아무튼 사장님 그럼 낼 우리 조반 약속 한 거예요?"

"그라요. 저녁언 쪼기 길만 건네면 식당 많소. 칼국시도 맛나고."

온갖 핑곗거리(알코올 중독과 우울증)로 수년간 정체되어 있던 제 삶에 끝내주는(?) 변화를 일으킨 이는 법륜스님이었어요. 우리 시대의 멘토라는 스님의 법문에 이런 내용이 있었죠. '일어나야지 하지 말고 일어난다. 가야지 하지 말고 간다. 해야지 하지 말고 한다!' 홀로 낯선 여관방에서 눈이 떠지며 전 깨달았어요. 예수님 당신이 법륜스님을 통하여 내게 오셨다는 걸! 세상 사람들이 예수쟁이들의 뻔뻔한 자기합리화라고 비난해도 상관없어요. 배우 김혜자씨 말대로 '아무렴 어때요?'

조금 촌시럽지만 소박하고 깔끔한 잠자리를 내어 준 여관에서 실로 오랜만에 단꿈을 꾸었어요. 근데 어젯밤 흰쌀밥과 남도의 갓김치를 제 방에 넣어 주신 여관의 주인장 할매와 유홍준 교수의 남도 답사 1번지에 실린 해태식당에서 오늘 아침을 먹기로 약속했는데 내가 그만 늦잠을 잤지 뭐예요? 눈곱두 못 떼고 바루 침대서 튀어 일어나 201호 방문을 열고 뛰어나갔지라!

"할매 할매! 아이고오! 나가 늦잠을 자 뿌렸소! 아침 드시었소?"
"아녀. 자네가 어젯밤에 조반 함께 들자 안혔소? 나 요것만 잠

쓸구 내리갈팅게 찬찬히 씻구 갓씨요. 거그두 아즉 문 안 열었을 거이요."

3층 계단을 쓸고 있던 할매가 저를 내려다보며 말하데요. 대충 씻고서 복도로 나왔어요. 그런데 어젯밤 저보다 늦게 입실한 남자 손님의 방을 청소하던 할매가 그러데요.

"워매! 이눔시끼 방에 엄청 난동얼 피와뿌렸네 잉!"
"그게 뭔 소리다요?"
내 딴엔 들은 소문은 있어 웬 변태가 들어왔었나 싶었지요. 어젯밤 살짝 훔쳐보았던 그 남자는 그럴 놈이 아닌 것 같았는데 말여요.

"이리 잠 와 보소. 베개 시개럴 이렇케 시방! 이불얼 요롷케 돌돌 말구 자넌 놈언 분맹 워디 몸이 안 좋은 놈이랑께! 이불을 죄다 똘똘 말아놓구서! 베개두 시개썩이나! 오매 워쩔거나! 그놈 안 되네. 젊은 놈이 으째야쓰까 잉!"

제가 사람 하나는 기가 막히게 잘 보지요? 어젯밤 입실하며 요 여관집 할매가 괜히 좋습디다. 해서 그 비싼 해태식당 조반도 지가 사기루 약조했던 거이고. 꼴에 그것두 여독이라고 해가 중천에 뜨도록 늦잠까지 잔 제가 할매 일손이라도 덜어 줄까 하여 어제 저

9장. 어서 오세요! 175

잤던 방 안팎을 깔끔 떨며 청소도 하였어요. 저 잘했죠 예수님? 여관방에 빨랫비누 준비해 놓은 것 좀 보아요. 이러니 우리가 전라도 깽깽이들을 못 이긴다는 거 아녜요? 내 유교수헌티 이 모란장을 적극 추천할 작정이여요! 아마도 그 서민적 풍모가 물씬 풍기는 유홍준 교수님은 발싸 답사팀과 한차례 다녀갔을지도…. 그쵸 예수님?

2인분의 한정식을 시켰어요.
책에서 본 대로 그야말로 떡 벌어지게 한 상이 나오데요.
감태. 소라. 생미역. 다시마. 갓김치. 꼬막. 돼지숯불구이. 광어회. 조기구이. 된장찌개. 삼합. 동태전. 버섯탕수육. 전복. 잡채. 육회. 낙지탕탕이. 찰밥. 꽈리고추메르치볶음. 도라지무침. 동치미. 깻잎장아찌. 대하장. 멍게. 육회. 할매도 모리넌 그냥 젓갈. 도합 스물일곱가지가. 또 나온다! 헉?

"클났네! 손님 어트게 받으려구 그려? 자기야. 술 못 먹는다는 거 쌩 그짓말이네! 나보덤 더 먹네!"
"어특햐! 요상허게 술이 드가네 잉!"
"그려? 나랑 있어서 그려!" (나 알코올)
한상 가득 다 먹어치운 오늘의 짝, 연정희와 장정화 할매.

"할매 이름이 뭐여?"

"나? 장 정화."

"와! 이름만 이쁘네?"

"다덜 그랴. 이름만 이쁘구 얼굴은 아니라고."

"하하하하!"

"내가 국민핵교 드갔는데 이모부가 선생님이었거덩. 원래 이름은 장영애였그덩. 그 이모부가 이름을 바꽈줬어. 장정화루다가."

"그려서 워칙키 됐다는거? 팔자가 핀겨? 쭈그러진겨?"

"팔자야 좋아졌다구 봐야지."

"맞네! 이렇게 좋은 데서 이렇게 이이쁜 나를 다 만나고 말여!"

"그려그려!"

"우리 요거 남은 거 다 먹구 마지막으루다가 맥주 한 병 사이좋게 나눠 마시구 멋있게 가는거 어뗘?"

"그려그려! 자네 요거 남은 거 다 먹구 가. 그려야 길 떠나기 좋제. 배 채우고 가."

"그려그려!"

세월아 네월아 해가며 저희 둘은 남도 한정식을 천천히 즐겼어요. 예수님. 근데 베니아합판으로 가려진 옆방에는 가족 넷이 한 상을 받고 있는 것 같더군요. 할매가 옆방의 대화를 칸막이 사이로 눈을 갖다 대며 엿듣데요? 호기심 많은 게 나랑 비슷하네요.

"엄마 이거 뭐 찍어 먹어야 돼?"
"초고추장."
오지랖 넓은 것두 나랑 같은 과더라고요!

"초장에 찍어 먹으라시네."
옆방의 진짜 엄마가 말씀하셔요.

"그럼 이건 뭐 찍어 먹어?"
"간장."
"간장에 찍어 먹으라신다. 얘!"
"이건?"
"그냥 암거나 찍어 묵으라 헛씨요!"
"얘는? 그냥 아무거나 찍어 먹으라시잖냐!"
내가 해태식당 방바닥에 풍뎅이처럼 뒤집혀 땅을 쳐 가며 웃었던 거 아녜요 예수님? 할매에게 두 번째 반하는 순간이었지요! 여기 강진의 모란장 장정화 할매와의 기막힌 인연이 시작되고 있었어요. 남도의 한정식으로 채운 배를 두드리며 다시 여관으로 와 제가 가져온 원두커피를 할매 시켜 내리는데 원두커피를 처음 먹어 본다는 할매가 그러네요.

"더 내려야 쓰까? 한방울썩 떨어지넌디 은제 먹을 수 있다요?"

원두커피가 맛있다는 할매와 커피를 마시며 별 수다를 다 떨고 나서 할매가 그러네요.

"길 떠나려믄 배불러 피곤헐팅게 거 자던 방에 가 한숨 자구 가소."
"그려. 할매 나 깨우지 마씨요! 얌전히 흔적 없이 자고 나올랑께."

천연덕스럽게 나오는 남도 사투리 예수님, 지가 변죽은 끝내주게 좋지요? 이 여관, 창문 드르―륵 여는 소리, 문짝 여닫은 소리, 무엇 하나 모두 다 정답네요. 여기서 기도 하나가 또 나옵니다?

"하느님, 이런 기맥힌 인연 맺어주신 당신의 축복! 이번엔 정말 잘 챙기겠습니다!"

61년생 연정희 모토 하나.
'언제든 길 떠날 채비를 하고 살자!'

5. 정희표 라면

비염으로 휴지를 쵟일 뽑아 써야 하는 제가, 오늘은 요즘 돈과

명예를 한방에 얻을 수도 있는 중요한 일을 제쳐 두고는 수일간 미뤄 두던 청소를 하였어요.

우선 먼지를 털어 낸 후 청소기를 돌리고선 창틀부터 가전제품, 책상과 책장까지 꼼꼼히 걸레질을 치고는 헥헥거리며 마지막으로 욕조에다 목욕할 물을 받았죠. 그리고 보니 여직 조반 전이네요? 청소를 하고, 목욕을 하고, 욕실과 욕조를 목욕물을 이용해 철수세미로 박박 닦는 동안 다 돌아갔을 세탁기의 빨래를 꺼내어 줄에 널며 이런 생각이 들데요? '내가 남들에 비해 많이 못 배우고 게다가 머리까지 다쳐 장애를 입게 되고 또 그 장애로 머리보단 몸으로 하는 일들을 하게 될 수밖에 없었던 지난 수십 년의 세월은 내게 재수 없게 걸려든 재앙이 아닌 축복이었구나! 그리고 난 지금 그 축복의 하루를 보내고 있는 중이고.' 이 중요한 사실을 못 깨닫고 무슨무슨 책이니 낸다고 설쳐 댔다간 하느님이 날 또 치시겠구나!

34세의 생을 온몸으로 밀고 가신 나의 예수님, 머리가 아닌 몸으로 하는 일이 정말 중요하고 값진 것임을 알려 주시어 고마워요! 그런 의미에서 배고프면 큰일 나는 요 배고파 파!, 집안 일 끝냈으니 라면이라도 끓여 먹어야겠어요. 예수님도 아시쥬? 라면하면 콩나물 꽉꽉 넣고 끓인 세상 씨원한 '정희표 라면'이라는 거. 헤헤!

어머나! 주님이셨군요?

1. 작은 예수들

　예수님, 요란하게든 침묵으로든 저희가 당신 맞을 채비를 시작하는 11월이에요. 오늘 28일 한겨레신문 1면에 늦봄 문익환목사님의 사진이 크게 실렸네요. 예의 파안대소하시던 그 착한웃음으로요. 칠순이 넘은 고령에 분단의 철조망을 씩씩한 기상으로 발걸음도 경쾌하게 뛰어넘었던 하느님의 종! 맑고 기상 높은 소년 같던 그 어른은 참 일생을 군더더기 없이 사셨던 분 같아요. 이른 아침에 현관 밖 신문을 들고 들어와 마루에 툭 던지려다 보게 된 목사님의 얼굴에서 11월에 산화한 전태일 열사와 분단 현장의 뭇 생명들의 상처를 아프게, 그러나 따듯한 시선으로 노래한 이귀란 작가가 떠오르는 건 내게 우연이 아닌 거 같아요.

　그러니까 예수님, 그건 사랑이 아니었나 싶네요. 그 어린 여공들의 고단함을 가슴속 고름처럼 품고서 불길에 제 몸을 던진, 교회 문전에도 못 가봤던 전태일이란 청년이 애타게 부르던 하느님! 그리고 청년에게 솟던 그 엄청난 에너지는요! 마찬가지로 분단 철책선가의 생명들의 상처를 따듯한 시선으로 바라보고 또 그려내던 이귀란 작가의 담담함도 말예요. 어서 오세요, 작은 예수님들! 오늘은 내게 분단조국을 상기시키려 발걸음들 하셨군요? 끊임없이 이어지는 작은 예수들은 내가 하늘에다 가둬 놓은 하느님을 눈치 채도록 예수님 당신이 작업해 놓은 일종의 포석이었군요? 후후!

이 시점에서 예수님, 당신의 신실한 종, 늦봄 문익환 목사님이 던진 짧은 메시지 하나 뜨거운 맘으로 던지고서 아침기도를 마칠게요.

"나의 하나밖에 없는 사위, 성수야. 부디부디 행복하여라. 너희가 정말 행복해야 남의 행복이 얼마나 소중한지 알 수 있는 법이니까. 그것이 사랑의 본질이기도 하고. 행복이란 상대편이 행복한 것을 보면서 받는 인생의 '덤' 이라는 거." (1977년 7월 8일.)

2. 알아차림

난 아직 어린애처럼 이기적인 과거의 나와 작별하지 못했네요. 믿는 구석 하나 없이 혼자 힘으로 일어서야 했던 내 아들의 외로움을! 삶의 고비고비를 마땅히 함께 의논해 가며 함께 나란히 가야 할 동반자가 부실하여 모든 걸 혼자 결정하고 또 감내해야 했던 내 남편의 외로움을! 늙어 가며 늘 일방통행인 친구에게 자잘한 삶의 고민들을 쉽게 털어놓질 못한 내 친구의 외로움을! 이젠 내가 끌어안고 위로해 주자! 책임감 있는 태도로 말이다. 이렇게 외쳤었는데 말입니다. 그간 동생인 나한테 평생을 한번 대들지도 못했던 순하기만 한 아픈 언니를 돌봐 주며 조금씩 일곤 했던 책임감이란 감정. 그러고서 돌아보게 된 남편과 친구와 아들의 처지! 예수님, 나란 인간, 좌절할 권리가 없는 빚쟁이임을 깜박했습니다.

그리고 보면 난 가장 소중한 친구인 영란이와도 30년 넘는 세월 나를 한 번도 솔직히 내보이지 않았다는 생각이 듭니다. 그런 버릇은 아주 어릴 적에 형성됐던 거 같아요. 사실 난, 버림받는 게 두려웠거든요! 어려서부터 과장되게 즐거워하고 과하게 슬퍼하곤 하였던 내 감성은 그 모두가 사실 비위를 못 맞춰 부모에게서 자주 내침을 당했던 기억이 내 몸에 남아있기 때문이었음을! 천성이 착해 빠진 그녀였기 망정이지 말입니다. 그리고 난 요즘, 농사랍시고 짓는다고 뒤떠들고 다니며 정작 밭에는 거름 만들어 한 줌이라도 주는 수고 없이 거두려고만 들었던 자신을 돌아보곤 해요. 아니, 보이더군요! 차마 부끄러워 고갤 못 들겠더라구요! 만나는 사람마다 "사람은 이용의 대상이 아니라 사랑해야 할 대상이다."라고 말은 번지르르하게 해가며 사람들을 계속 내 안위를 위한 수단으로 이용하던 나! 이런 내가 어찌 고갤 빳빳이 쳐들고 그들과 다시 관계

할 수 있겠어요? 예수님, 이런 내게 이제 겨우 스테파노에게서, 그리고 주변 사람들 속에서 하느님이 보이기 시작하네요. 그래요 예수님! 부끄럽지만 당신의 미천한 종인 이 미카엘라, 계속 정진하겠습니다! 하느님이 주신 코로나라는 역병의 참뜻을 알아차리며.

3. 법륜 스님과 황창연 신부님

온갖 핑곗거리(알코올 중독과 우울증)로 수년간 정체되어 있던 내 삶에 끝내주는(?) 변화를 일으킨 두 분은 법륜스님과 황창연 신부님이었어요.

날이 갈수록 피폐해지는 우리들의 정신세계에 지금 이 시대의 멘토라는 스님의 법문에 이런 내용이 있었죠. '일어나야지 하지 말고 일어난다. 해야지 해야지 하지 말고 한다!'
"우리한텐 하느님 빽이 있는데 대체 뭐가 문제야? 그거 다 악마가 꼬드기는 거잖아요? 난 안 돼! 난 틀렸어! 하며 그렇게들 쫄지 마세요! 하느님이 정말 사랑하시는 자매님들이 그러는 거 있잖아? 악마는 무지 좋아한다? 우리가 왜 기껏 비싼 밥 먹고 악마가 좋아하는 일을 해야 해? 맞지요? 자매님들!" 황창연 신부님의 강론이었어요!

잠자던 세포가 미로 속을 헤매다 뒤통수 한 대 유쾌하게 맞은 거처럼 날 깨우던 신부님의 강론! 예수님, 매일을 작은 일에 일희일비하는 나라는 좀팽이를 당신이 알고 계시죠? 정말 같잖은 존재인 내가 뭐 잘났다고 남과 비교하여 한발이라도 앞섰단 걸 보여 주려고 나 자신을 그리도 억압했는지요? 아니, 속여 왔는지요! 홀로 낯선 여관방에서 눈이 떠지며 깨달았어요. 하느님은 법륜스님을 통하여, 그리고 황창연 신부님으로 내게 오셨다는 걸! 세상 사람들이 예수쟁이들의 뻔뻔한 자기합리화라고 비난해도 나는 의젓할 자신 있어요. 사실이니까요!

4. 스테파노

예수님 난 며칠 전 한 사람을 밟았습니다. 일어나지 못할 정도로 말입니다! 오랜 세월 그와 나 사이에 고인 물로 썩어 마음이 문드러져 가던 갈등의 고름덩어리를 모두 풀어헤쳐 마침내 그이 앞에 던졌습니다! 이제 넘어진 지금의 자리에서 일어서거나 그대로 엎어져 있는 건 온전한 그의 몫이 되었어요. 몸보다 마음이 지옥일 그의 곁을 예수님, 당신의 짧은 생을 증거로 지켜주시고, 좀 더 욕심을 부리자면 내가 사랑하는 그에게 스테파노 파이팅을 해 주세요!

 장돌뱅이 서사시처럼 오늘도 내일도 만날 우리 예수님, 새삼스럽게 뭘 갖고 또 그러느냐? 하시겠지요? 요즘이 딱!이네요. 나만 보면 벙긋벙긋! 유머감각 되살아나 이 우울증환자 매일처럼 배잡고 깔깔대며 뒤집어지게 만드는 스테파노 만나 보시는 거. 모처럼 늦잠 자는 스테파노 깰까 보아 살살 움직여 술상을 치워요 예수님. 예전의 나란 여자, 생긴대로 시끄럽게 툭탁거리며 상을 치워 간혹 그의 곤한 잠을 깨웠던 건 제가 눈치가 없어서가 아닌 내 가슴에 사랑이 없어서였네요! 하느님의 사랑을 알고난 후 모든 게 변하는 저 미카엘라와 스테파노의 새로운 출발선. 로또 당첨 못잖은 이 엄청난 기적! 아빠아버지 고맙습니다! 그리고 오늘도 스테파노와 놀기 위해 술꾼으로 오실 주(?)님을 환영합니당!

 카메라에 담지 못하는 새벽별이 저기 있네요. 잠 못 이루던 나를 제일 처음 맞아주는 존재로군요. 인간들이 무슨 짓을 하건 늘

제자리를 지키는 저 별이 참으로 고맙고 아름다워요! 하느님이 나를 사용하시는지, 내가 하느님을 편의에 따라 이용하고 있지는 않은지, 그 점을 알아차리는 밤의 고요를 제게도 허락하소서!

그런 의미에서 오늘도 주안에서 침묵!

11장

지금 여기에서 행복하겠습니다

당신이 주신 세상

단순한 세상을 복잡하게 살아온
저는 아둔한 종입니다
인생은 소꿉놀이인 것을

제가 처한 형편에서
제가 서 있는 지금 이 자리에서
조물딱 조물딱
잘 놀다 가겠습니다

가끔씩 슬피 울며
가끔 화도 내면서
그럼에도 불구하고
언제나 사랑하면서!

"어머나! 주님이셨군요?"
감탄하는 오늘을 열어
늘
하루만 살겠습니다

1. 사랑한다는 거

꿈 없는 잠을 자고 일어나 '내가 누군가를 사랑한다는 것'에 관하여 생각해 보았어요. 젊은 날, 헤일 수 없이 날 흔들었던 사랑과 그 사랑에 이어지던 많고 많았던 실연의 상처가 떠오르더군요. 잠자리를 개지 않고서 가만히 누워 생각해 보았어요. 그때 그 순간마다 내가 누군가를 좋아한다고, 난 당신을 이토록 사랑한다고! 그렇게나 열에 들떠 애간장을 녹이던 나는 과연 어떤 사람이었나? 아니, 난 정말 '어떤 사랑'을 했던 것일까? 바로 깨달았어요! 내가 한 사랑이 미친 사랑이었다는 걸! 점잖게 표현하자면 사회성 없는 미숙한 사랑이었음을. 지금껏 난, 내가 누군가를 죽도록 사랑한다! 굳게도 믿어 가며 그놈의 사랑을 잘도 해 왔으나 진정 내가 사랑하고픈 대상은 그대들이 아닌 바로 나 자신이었더군요!

'피하지 말자.'란 생각으로 용기 내어 눈을 감았어요. 오 하느님! 난 사랑을 나누던 그 순간마다 그들을 사랑한 게 아닌 그 사랑에 빠져 아름답고 충만해 가는 자신만을 사랑했더라고요! 죽은 내 아비가 떠오르데요? 수많은 여자들과 일방적이고 폭력적인 사랑을 하다 간 아버지가요. '아! 아버진 수많은 여인들과 사랑 할 적마다 상대를 사랑한 게 아닌 오로지 자신만을 사랑하며 또 확인하고 싶

어 했구나! 아버진 타인을 사랑할 줄 모르는 사람이었구나!'

예수님, 이제는 꼼짝없이 고백할게요. 수없이 당해 왔던 실연의 원인은 날 버린 그대들께 있었던 게 아닌 바로 내게서 비롯되었음을! 내가 사랑한 것은, 아니, 사랑했다고 굳게 믿은 건 사랑 그 자체가 아닌 사랑하며 아름답게 변해 가는 내 모습이었음을! 누군가를 사랑하는 나를, 또 사랑받고 있는 날! 그런 자화상을 만들어 난 그 순간만을 즐긴 거더군요.

예수님! 나란 사람은 사랑을 몰랐어요! 수없이 많고 많은 터널을 통과하고도 그 사랑이란 정거장엔 내리지 못하고 내 영혼은 이렇게나 오래도록 도돌이표 레일 위를 사뭇 돌고 돌았던 거예요! 비극 아닌가요?

이렇듯 험이 많은 날 말없이 받아 주던 스테파노가 떠오르네요. 또 변함없이 귀 기울이며 다소 지루했을 착한 친구가 생각나요. 어려서 단 한번을 대들지 않고 이런 엄말 극복해 내던 아들의 가여운 실루엣이 지금 날 아프게 덮치네요! 너무도 오랜 시간을 이 부끄런 일방통행으로 어둔 터널을 통과하며 난 대체 얼마를 더 가려 하는지요? 결코 멈추지 못하나요? 그래요 예수님! 이젠 순종할밖에요. 억울해 하거나 투덜거리지 않고 가만히 브레이크 밟아 주 안에 정착하겠어요. 그러니 예수님, 본래 뻔뻔한 자의 염치없는 부탁이나 나의 죄를 대속하신 당신께서 그들에게 좀 전해주어요. 미안하게 되었다고. 다시 만나자고. 한번 더 기회를 준다면 내 이번엔 제대로 해 보마고!

2. 깔깔정희

사람들 참 이상해요. 예수님! 욕심이 한도 끝도 없어요. 아니? 이 극성이 예전처럼 술 마시고 후딱하면 병원 드가고 후딱허믄 일하던 직장서 또 잘렸다고 엉엉흑흑거려가며 몇 달이고 까라져 좌절하고 급기야 손목을 긋기도! 바쁜 사람들 쫓아 댕기며 나 좀 봐달라고 구찮게 허고 되나가나 푼수 없이 끼어들기나 허고! 사고 치구 댕겨 가며 남편, 아들, 형제들, 가뜩이나 고단한 삶 살기 더 고달프게 맹글구의 기타 등등을 하지 않고 집 안팎 깨끗하게 치워 가며 이제사 제 분수를 알아 행복감에 취해 갖구 자전거로 희희낙락 놀러 댕기는 걸 고마워하거나 하다못해 기특해하긴커녕! 뭬가 그리 못마땅해 눈치 주고 빈정거린디유 글쎄?

'그렇게 맨날 깔깔대기만 허면 돈이 나오느냐? 밥이 나오길 허느냐?' 함시롱!

 그람유! 지넌 덜 먹고 덜 입고 덜 싸지르다가 남은 30년을 행복할 거고요? 그러시는 그대들일랑 30년얼 죽을 둥 살 둥 해 가며 남는 시간이 5년인지 10년일지만 준비하시다가 고생 끝에 그 돈 다 쓰지도 못하고 가시면 되어요. 그대들의 비아냥은 분명 삶의 어떠한 조건에서도 행복할 자신이 생긴 나 연정희를 질투하는 거에 불과하나니 난 사람으로 오신 예수와 오늘도 신나는 하루를 맹글겠습니당!

3. 사랑이신 하느님

 하느님의 밝고 따사로운 빛이 어두운 골목길을 방황하는 작고 보잘것없는 이들에게도 비추도록 당신께서 기도하소서!
 용기 내어 한 사랑의 고백을 뺨맞듯 거절당한 저 어둔 선술집 한 귀퉁이의 오열하는 청년에게도 그 빛이 비추도록 예수님, 당신이 함께하소서!

조금 전 목격한 극장 외딴 자리, 혼자 온 관람객에게도 그 빛이 가도록. 만일 그가 영화만은 혼자 즐기는 영화광은 아니라는 전제 하에 말예요.

남편이 한 달 수고한 월급봉투 받아 들고서 아이들의 학원비와 부모님의 칠순 비용 사이에서 고민하는 저 가난한 아낙에게도 골고루 비추도록 당신께서 아버지하느님께 부탁하소서.

그리고 예수님, 제겐 정말 중요한 거예요! 다 늙어 소진돼 가는 육체를 들키지 않으려 지금도 환하게 웃으며 무거운 궤짝을 옮기고 있을 내 남편에게 다정하게 비추소서. 꼭요!

저와의 뜨내기 사랑에 아직도 주판알을 튕기고 있을 혹 모를 그대들에게도 너그럽게 하느님의 따순 빛이 가 닿기를!

어젯밤 늦도록 맥주잔을 부딪히며 저와 함께 깔깔대던 친구들에게 당신께서도 옆에 앉아 같이 깔깔댔단 걸 눈치채도록 어젯밤을 축복하소서!

처음부터 끝까지 엄마에게 말할 수 없을 만치 사랑하는 딸이었을 내 친구 영란이에게도 하느님의 밝은 에너지가 전달되기를!

마지막으로 예수님, 뼈저린 외로움에 소통을 단념하고 숨어 버린 많고 많은 이들에게 당신의 이름으로 하느님의 사랑을 선포하소서!

4. 뭐라고 지발 말 좀 혀 봐유!

사랑의 예수님, 저에겐 친구가 하나 있어요. 서울서 낳고 자란 제가 결혼하여 이곳 청주에 터를 잡으며 처음으로 사귀게 된 친구이지요. 십년의 고개를 세 번이나 같이 넘기며 이젠 늘그막에 천하없어도 감정 상해 헤어질 염려는 없는, 그러니까 사소한 것은 서로 서로 봐줘 가며 우린 여기까지 왔어요.

그런데 예수님, 그녀는 이 땅의 춤꾼이에요. 대학 때부터 시작한 거리춤으로 그녀는 아이들이 입시지옥에서 죽어나가면 '행복은 성적순이 아니잖아요!' 하며 춤을 추었고, 노동자가 죽어 나가면 그 죽음 같은 노동의 해방을 위해 춤을 추었고, 세월호가 가라앉아 아이들이! 그 새하늘 같던 아이들이 찬 바다에서 기막히게 몰살당했을 때 하던 일 제쳐 두고 달려가 억울한 어린 원혼들을 위로하는 굿판을 벌였던, 저로선 감히 엄두도 못 낼 일들을 일상으로 하며 사는 이 땅의 춤꾼입니다. 척박한 이 땅에서 돈 되는 일일랑 용케도 피해 가는 가난한 춤꾼이란 말이지요. "이번엔 너 몸도 안 좋은데 보수는 주최측 사정 봐 주지 말고 알뜰히 챙겨!" 해 가며 암만 잔소릴 하여도 그녀에게 기껏 듣는 말은 "그 사람들이 더 절박해 정희야. 내가 그 단체 사정을 뻔히 아는데 어떻게 그래?"이겠지요? 어쩌다 "그래 결심했어! 내 단단히 챙기마. 걱정 마셩!" 하여도 결국은 허당인 춤꾼입니다. 나이 오십이 넘어서도 전국구로 공연을 다니며 이십대 애들과 불편한 잠자리를 기꺼이 감수하는 바보 춤꾼이라니까요?

그런데 말입니다요 예수님, 난 친구 영란이만 생각하면 왜 눈물부터 날까요? 이십대부터 지금까지 하고 많은 일들을 같이 부대끼고 또 함께 겪어서일까요? 하긴 이 나이까지 남들 다 하는 결혼은 제쳐 두고 척박한 이 땅에 끊이지 않고 닥치곤 하던 일에 잡혀 황혼녘에 접어들었으니 이런저런 사연인들 오죽이나 많았을까마는 말예요! 대학 때 아니, 대학원을 마치고 대학 강사라는 보따리장사로 수십 년을 이어 왔으니 그 생활고와 길게 가지 못한 연애들을 말해 뭣 하겠어요? 그쵸 예수님? 게다가 과거 엄혹한 독재 정권 아래에서 한국 사회 온갖 억울한 사연들은 모두 무대로 올려야 했으니 굶거나 다치거나가 다반사였겠죠? 그래서일까요? 친구인 춤꾼, 오영란만 생각하면 눈물부터 나는 게. 아니에요! 늘 바쁜 그녀와 간만에 만나면 우린 두 손 맞잡고 울기부터 하지요. 사실은 고백할 게 있어요. 처음에 제가 "저에겐 친구가 하나 있어요."라고 고백했었죠? 그건 잘못된 고백이었어요. 제게 친구란 오영란 한 사람뿐이니까요. 사실 아깐 좀 챙피하더라고요. 친구가 하나라는 게. 예수님도 아시겠지만 영란이와 내가 죽고 못 사는 친구가 된 건 삼십여 년 전 내게 일어난 커다란 사고가 계기가 되었지요. 밤늦은 시각 달리는 차에 치이는 아주 큰 사고를 당했던 거예요. 그 사고로 전 장애를 입었고 장애의 부위가 머리였던지라 사고 직후와 수술 후의 회복 단계도 수십 년을 지루하게 가야 하는 장애 2급이 되고 말았어요. 서울의 친정집도 못 찾아 가는 바보 아닌 바보가 된 거지요. 그런데요. 그러고 다 떠나데요 예수님? 사고 전엔 나름 발랄하고 지적이던 내게서 주변의 친구들이 사고 후 십여 년이 넘도록 회복이 쉬 안되는 내 장애를 힘들어하며 하나씩 떠나더라고요! "난 왜 친구가 없는 거야! 영란인 맨날 바쁘고. 엉엉!" 하며 어린애처럼 징징댈 때 스테파노가 한 말이 있어요. "정희씨, 친구는 하나면 돼."

사연이 길었네요. 죄송! 예수님. 아무튼 그리하야 친구는 영란이 하나라고요. 어려서부터 2000원 있으면 천 원씩 나누고, 만 원이 생기면 오천 원씩 나눠 쓰곤 하는 세상 부러울 거 하나 없는 친구 말예요! 그러고 보면 친구는 하나면 된다던 스테파노의 말이 맞긴 맞지요?

지난달엔 예수님, 저 서울을 다녀왔어요. 백기완 선생님의 노제 때 나의 자랑스런 친구인 오영란 선생이 노제춤을 떡허니 맡아 기획 연출을 하고 춤도 추게 되어서요. 내 친구 정말 장하지요? 사고로 지능이 7세 이하가 되어 갖은 병신짓은 다 하고 댕겨도 뭐라 한 마디 야단도 치지 않고 넘부끄러워하지도 않고 날 끌어안고는 울어만 주던 내 착한 친구 오영란! 호기심 많고 어린애 같은 내가 나쁜 짓만 살살 하고 댕기며는 기껏 한다는 말이 "정희야 너 이러면 안 되지!"가 고작인. 내가 내 남편한테 화가나 마구마구 그의 험담을 질러 대면 "형도 힘들어서 그럴 거야. 니가 이해 해. 형한텐 너 밲에 없잖우?"이거나, 기껏 화를 낸다는 건 "정희 너 정말 이럴래! 웅?" 아니, 예수님! 다른 이들은 더더욱 크게 염장을 지르거나 심하게는 이간질꺼정 시키는 마당에 지가 무슨 천사과라고 말예요 글씨! 사실 지가 뭔 말이 하고픈거냐면요. 고 천사 땀시 지가 딴 맘을 못 먹는다닌께유? 펭생을 돈고생 시키는 남편이란 작자를 신랄히게 아작내지도 못허고 말입니다. 웬수도 그런 웬수가 읎어라! 가만 보자아 예수님, 시집도 못 간 놈이 심술이라도 낼 만헌디 우리 부부의 금실을 위해 밤낮으로 기도허는 자세이니 지가 고만 접을까요? 냄편이란 작자와 결단 내년 것을요.

뭐라고 지발 말 좀 혀 봐유! 장가 못 간 우리 예수님! 네? 키득키득!

5. 준비운동

예수님 당신께 내 모든 걸 토해 내며 내 안의 분노가 작아지고 있네요.

어려서 허구한 날 맞던 매. 그 어린 몸뚱어리가 마음 못난 놈의 성욕으로 유린당했을 때의 수치심! 친구들과 시댁의 가족들에게 당당하지 못했던 비굴한 나! 너무도 자주 비틀거렸던 자신감과 분노! 보호받지 못했던 내 인권! 저항은커녕 도망조차 치지 못했던 끔찍한 학대의 세월, 그로 인해 자신을 학대하고 주변을 할퀴어 왔던 너무도 슬프고 오랜 시간들을! 아니, 기어이 그 기억들을 뒤져

가며 용기 내어 마주보고 나서야 그것들이 내가 반드시 넘어야 할 내 안의 분노였음을! 그 분노가 용해되는 날이 올 때까지 그게 난 참 힘들었네요. 피하지 않고 두 눈 똑바로 뜨고 내 비틀린 성장기로 다시 들어가 분석하고 또 용감히 맞선다는 게 말입니다. 난 어떻게 그 오랜 세월을 용기 내지 못하고 자신에게서 도망 다녔는지요? 용기 없는 나를 자책하며 비굴하게 이어야 했던 시간! 시간들 말입니다!

그럼에도 끝내 그 세월 앞에 날 무릎 꿇리지 않았던 건 세상 그 무엇이 아닌 이 못생긴 날 세상에 보내시고 또 조물주로 책임감 있게 나를 포기하지 않았던 하느님 아니, 주님이신 예수의 삶이었음을 이 미욱한 종은 이제 압니다. 사랑하는 예수님. 나의 주님! 이 종은 한낱 일개의 분노를 넘어 드디어 예수님 당신께서 거듭 나심으로 알려주신 사랑의 의미를 이제 조금은 알 듯 합니다. 사랑은 우리 인간에게 닥친 모든 장애를 넘어설 수 있는 삶의 터전인 이 자리에서 지금 내가 해야 하는 행위임을! ing형임을 말입니다.

그간 미욱한 종이 준비운동을 너무 많이 했다 싶어요. 예수님 죄송!

6. 마음자리

척박한 이 땅에 사랑으로 오시어 무무무무무무지한 이들에게 사랑을 얘기하다 끝내 입에 재갈이 물리고 십자가에 못 박힌 나의 예수님! 이제와 깨닫지만 이 천하에 미련한 종은 인생의 황금기인 청년기부터 지금까지 너무도 긴 시간들을 슬픔과 분노에 마음의 자리를 내주며 살았더군요. 그러나, 그러함에도! 글쓰기의 지옥에서 하느님이 내 옆을 지켜 주시던 지난 한해는 그나마 기쁨과 이해라는 마음의 자리로 이동되어 글감옥이라는 지옥 아닌 지옥을 산 듯합니다. 무슨 말이냐면 내 마음의 자리를 슬픔과 분노에게 내 주던 사람도 나였고 기쁨과 이해에게 자리를 내 주던 사람도 나였으니 그 마음의 주인은 결국 나였음을!

늦은 고백이지만 내 삶의 주인이 하느님이심을 고백하며 예수님을 통해 하느님께 대들고 하소연 하며 급기야 하느님 멱살까지 잡으려 그악 떨던 지난 삼 년간 난 몸이 아팠습니다. 아주 많이! 사랑이신 하느님께 난 결국 항복한 거지요.

각설하고! 날이 갈수록 비인간화 되어가는 금전만능의 잔인한 이 세상에 예수님부활의 참뜻이란 사랑은 끝이 아닌 지금 여기에서 내가 해야 하는 ing형이어야 함을! 예수님 당신의 33해의 삶이 보여준 바대로 이 극성 미카엘라 역시 사랑 go go로 현재진행 중입니다!

사실은 이렇게 어린애처럼 버릇없이 날뛰는 극성을 중재하신 무척이나 고달팠을 예수님의 공로가 정말 큽니다! 설마 하느님이 이렇게 이기적이고 극성스런 미카엘라가 이뻐서 이제금의 분노를 가라앉히시고 참된 평안을 주셨겠어요? 휴우! 아무튼 더 늙어 꼬부랑 할매 되어 자리보전하기 전에 주님의 '평안 바이러스'를 독차지하지 않고 부지런히 주변에 전염 시키겠습니당!

우리 예수님, 그저 웃지요?

7. 내 힘이 아닌 하느님의 힘으로

예수님, 허점투성이의 극성스런 미카엘라가 여기까지 왔습니다. 세상을 향한 분노와 자기모멸감으로 할퀴어지고 쭈그러져 있던 어둠의 골목에서 대동세상 함께 만들어 갈 밝은 길목으로 드디어 첫발을 내딛었습니다. 내 힘이 아닌 하느님의 힘으로요. 그렇게

쪽! 가겠습니다, 사람으로 오시어 제 삶의 지표가 되어 주신 예수님께는 사랑한다는, 그저 고맙단 말 밖에는…….

고백

내 몸을 잘 돌보겠습니다
하느님이 이토록 사랑하시는 나
내 몸의 주인이 나인 줄 알았던 나

내 마음을 잘 돌보겠습니다
거칠게 소용돌이치던 분노도 시시로 다독여
하느님의 잔잔한 바다로 스미겠습니다

하느님이 주신 생명
하느님이 거두실 때까지
살살 관리하겠습니다
내 몸처럼 중요해야 할 타인의 그 내 몸도 살피어
늘 존중하겠습니다

내 몸의 주인은
하느님 당신이십니다!

에필로그

일찍이 불교 신자에서 가톨릭으로 개종한 엄마를 따라 세례를 받고 미사도 빠트리지 않던 내가 주일이면 집사인 남편을 따라 시골에 자그마한 교회로 가 예배도 드렸다.

주일예배 후 목사님께는 다음 주일에는 집 근처 성당에서 미사를 드리겠다는 작별 인사를 하였고 신부님께는 지난 주일엔 교회 가서 예배를 드렸노라고 보고 하곤 하였던 나. "네, 집사님, 그렇게 하세요." 하며 착하게 웃으시던 백 영기 목사님과 "미카엘라 자매님, 소속을 분명히 하지 않는 건 일종에 무뢰예요. 다시 생각하세요." 하시며 단호했던 야고보 신부님.

어려서 엄마 따라 절을 자주 갔던 난 성인이 되어서도 스님들의 목탁 치는 소리와 염불을 외며 불공드리는 산사의 의식이 가장 경건하게 느껴졌고 또 마음이 평안하였다. 어려서부터 호기심이 워낙 많았고 책 읽기를 좋아했던 난 내가 각각 발을 담근 세 종교에 관한 정보와 학습을 거의 독서로 하곤 하였다. 형편 닿는 대로 절에도 가고 교회 가선 주일예배를 드린 후 성도들과 어울려 놀았으며 우리 구역 성당으로 가 미사를 바치며 내가 나름대로 얻게 된 결론이란 불교는 나의 무지를 깨닫고 삶을 지혜롭게 살기 위한 방편으로서의 철학이라는 것과 기독교와 천주교는 하느님의 뜻에 따라 짧은 생을 살았고 또 죽음을 통해 우리 곁에 영원히 살아 계시는 예수라는 사람과 함께하는 현재적 삶으로서의 종교라는 것이었다. 나의 종교관이 이렇듯 건조할 정도로 냉담한 것은 사실 엄마의 영향이 가장 컸던 것 같다. 절을 다니며 집에서 굿을 자주 하였던 엄마가 가톨릭으로 개종을 하고 난 후엔 당신 방 성모님 앞에서 드리는 삼종기도란 것이 부처님에게 복을 빌며 하던 염불부터 무당 불러 벌이던 굿판에서 재수 운운하는 무당에게 '그저 지가 잘못했으니 신왕님 한 번만 용서해 주십쇼!' 하며 손이 발이 되도록 싹싹 빌던 행위와 그 어떤 차이점도 난 찾을 수 없었으니까!

그리고 이 기도문을 쓰는 동안 이렇게나 허점투성이인 나라는 여자를 내가 뒤늦게나마 있는 그대로 받아들이고 또 진정으로 사랑하게 된, 내 삶에의 결정적인 성과도 얻어 걸렸다! 아니, 하느님 보시기에 이젠 그냥 봐 줄 정도는 되었다는 거. 하느님의 사랑은 내게 이렇게 왔다. 마치 어린아이가 장난감을 입에도 대어 보고 때론 부수고 다시 새롭게 조립해 보기도 하는 것처럼 말이다. 이 책을 마무리하며 내게 얹어 걸린 그분의 말씀이란 결코 완성됨 없이 우리에게 영원한 주제일 수밖에 없는 '사랑'이라는 단어는 The end 가 아닌 ing라는 현재진행형의 동사란 것이다. 결론은 난 예수를 모델 삼아 하느님의 뜻에 맞게 살기 위해 기도로서 늘 귀 기울여 다짐하지만 내 종교적 정체성은 무신론자임을 알게 된 것이다. 그렇다고 신을 인간이 만들었다고 확신할 만큼 내가 닭이 먼저인지 달걀이 먼저인지는 알지 못하나 말이다.

그간 내 안의 분노로 인한 온갖 횡포를 꿋꿋이 감내해야 했던 몇몇 하느님의 종들에게 비루하나마 이 책을 바친다. 그리고 바람이 하나 있다면 남은 생은 책을 쓰며 얹어걸린 책임감이란 단어를 내가 삶으로 실천하며 살게 되기를. 더불어 삶의 소소한 즐거움을 누릴 수 있도록 내 가난한 살림에 조금 더 넉넉한 금전적 풍요가 허락되기를.

자기소개서

기차 타고 서울엘 갔어요.

이태원 참사 소식을 듣고서 분향을 하러.

세월호 참변이 있었을 때 난 알코올 병원에 갇혀 있었죠. 바깥 세상을 알 수 있는 뉴스 채널은 차단하고 맨 오락프로만을 틀어주던 폐쇄 병동이었어요. 몰랐지요! 그런 어이없는 참극이 내가 사는 나라에서 일어났단 걸! 가족 동의로 석방된 난 집에서만 지내야 했고 유일한 재미라곤 TV시청이 전부였어요. 알코올 병원을 들락거리는 동안 난 직업을 잃었고 지인들과도 멀어졌으니까요.

난 장애 2급입니다. 현재 용어론 중증장애인이죠. 과거 20대부터 소위 민주화 운동을 했던 난 어느 날 불의의 교통사고로 뇌가 파열되는 장애를 입게 됩니다. 기억력 3초? 후후! 내가 사는 곳은 지방이지만 서울이 친정인 난 강남 고속터미널에 내리고도 그 낳고 자란 친정집을 못 찾아갔지요! 당시 민주화 운동은커녕 집에서 가사노동조차 해내기 힘들 정도로 난 바보 아닌 바보가 됐으니까요. 자살시도요? 대인관계부터 거의 모든 관계가 단절되었죠. 그로 인해 시작된 우울증이었어요. 아니, 조울증! 당연히 장애등급이 나왔겠죠? 국가가 내려준 장애 2급. 다들 아시죠? 장애 1급은 식물인간이고 그 다음이 2급이라는 걸. 내 곁을 하나 둘 모두 떠나데요? 동정은 오래가지 않는 법. 다들 사는 게 고달프기도 했겠지만 이후의 한국 사회, 그러니까 운동권이었던 내가 다시 맞게 된 사회는 드디어 동지들조차 지 잇속 차리기 바쁜 삭막한 사회가 되어 있었어요. 그리고 알게 됐지요. 이 천민자본주의가 장악한 한국 사회엔 흑인, 백인, 황색인, 그리고 장애인이 있다는 걸. 그렇게 분류된다는 것을!

그 많던 친구들 모두 떠나고 하나가 남았어요. 내가 한 번 물은 걸 재차 묻고, 지금이 대체 몇 년도 몇 월달인지를 못 외워 봄, 여름, 가을, 겨울만을 몸으로 느껴 알고 있을 뿐, 수시로 메모장을 들여다보며 해맑게도 언제나 처음처럼 갖은 병신짓은 다 하고 다닐 때 날 위해 울어 주던 유일한 친구인 오영란. 그리고 또 한 사람, 장애를 입은 날 개무시하며 이혼을 은근히 종용하던 시댁에게서 끝내 날 지켜준 남편 스테파노. 이렇게 두 사람만!

그런데 어느 날부턴가 가난이 우릴 덮쳤어요. 결혼 전엔 서울서 이층집 소녀였던 내게도 말입니다. 급기야 집에 쌀이 떨어졌을 때

초딩이었던 아이와 수일간 라면만 먹으며 했던 말이 생각납니다.

    은우야, 맛있지? 맛있지? 어머나! 김치 넣고 끓이니 더 맛있네? 우리 낼은 계란 넣자!

    친정이 가톨릭이었으나 난 늦게 세례를 받았지요. 날 이상하게 그리고 부담스레 쳐다보는 그 무서운 눈길들에 그만 자살 시도를 수번 하고 나서죠. 그 후 아이를 두고 그런 짓을 해선 안 된다는 나름의 다짐과 이제껏의 의연함은 사실 내 모성이었어요! 언제부턴가 누구에게, 그 누군가에겐 이런 내 삶의 고단함과 비루함을 말하고 싶었어요. 신부님께 고해를 하려면 세례를 받아야 한다더군요. '미카엘라'라는 세례명. 그 세례명은 내가 골랐죠.

    '천사라면 날 이 가난과 차별의 족쇄에서 풀어 줄지도 몰라!'

    아무튼 이러저러한 연유로 난 건강한 삶을 살기 위해 늘 깨어 있으려 노력하며 살아가요. 이제 삶은 내게도 현재진행형인 거죠! 내가 사는 곳서 합창단 활동도 하며. 그 합창단에선 주로 우리가 과거 민주화 운동을 할 때 불렀던 노래들을 연습하는데 공연 역시 여러 차례 올렸고요. 전국 민주시민 합창대회 등이요. 나요? 그 합창단의 꽃이라는 소프라노! 용산구 원효로에 있는 성심여고를 다닐 때 난 학교 합창단에서 소프라노였걸랑요. 히히!

여담으로 고딩 때 우리 학교를 나온 박근혜를 자랑스러워했던 내가 두꺼비합창단에서 연습하고 공연으로 올린 곡들은 세월호 노래인 '기억해 주세요.'라던지 '왜 쏘았지? 왜 찔렀지?' 등의 광주 항쟁 노래들이었어요. 후후!

그리고 최근 아니, 작년에 난 이태원 참사를 접하고서 바로 기차 타고 서울 시청 앞을 갔었죠. 영정도 위패도 없는 그곳을! 그리고 다음 달이던가? 대학로로 김민기 콘서트를 보러 갔다가 재차 간 이태원. 전경차가 떡 허니 버틴 그곳에 가 분향하며 난 이런 글을 남기고 내려왔어요.

"내 너희들을 오래 기억하마!"

그리곤 내려와 난 컴퓨터를 다시 열었지요.
포기하지 말자! 어떤 형태로든 우리가 이렇게 살아선 안 된단 걸 장애인인 나라도 말을 하자!

'흔적'이라고 제목 붙인 장편을 쓰기 시작했어요. 허나 지리산엘 들어와 호텔까지 잡고 마무리 작업을 하려 했던 장편, 이미 다 쓴 흔적은 도저히 편집에서 무리가 가더군요. 하여 암중모색이라고 나온 해법이 수년 전부터 써오고 신부님과도 상의하였던 기도문이었어요.

이 기도문의 제목을 우린 이렇게 정했습니다.
'화가 나네요! 정말!' 후후!

난 천성이 호기심이 많은 사람입니다. 대체 왜 그런지? 그게 왜 그래야만 하는지? 사람들이 이렇게 살아도 되는 건지? 우리 엄만 왜 다른 데 다 놔두고서 내 얼굴을 때렸는지! 아버지한테 맞고 담 날이면 악을 악을 쓰며 우리 형제들에게 매를 들었던 엄마! 하소연할 곳이 없었어요. 그저 난 만만한 게 하늘에 대고 주먹질이라고 하느님한테나 대들었을 뿐!

현재 마무리가 되어 가는 장편소설 흔적은 삼대째 이어지는 장애를 얘기합니다. 눈에 보이는 장애가 아닌, 보이지 않으나 대를 물리는 인격장애에 관하여. 그리고 그런류의 장애가 얼마나 지리멸렬한 것인지에 관해 풀어 놓고 있지요. 결국 난 인격장애가 타인과의 관계를 왜곡시키고 자기 자신과의 관계인 자존감까지 파괴한다는 걸 말하고 싶은 겁니다. 각설하고, 내 결론은 모두가 조금씩 더 행복해지길 바라는 내 간절한 염원인 '기승전 행복!'을 위해 이제도 앞으로도 난 글을 쓰렵니다. 그런 의미에서 이런 날 포함해 나처럼 아픈 그대들의 가벼워질 발걸음을 이 극성 미카엘라가 응

원합니다!

참! 나를 수술했던 외과 칼잽이(?) 말씀이
"뇌는 죽을 때까지 회복되는 것이니까 나쁜 생각 하지 마시고 희망을 가지세요!"
근디 회복되는 속도는 엄청 느립디다? 대신 난 남들 한 번에 하는 거 몇 번씩을 반복하곤 합니다. 그것도 행여나 틀킬세라 조심조심 살얼음판 걷듯이!

장애를 입게 된 후 내가 겪은 한국 사회, 장애인에게 정말 잔인한 한국 사회입니다! 기껏 일반인과 같은 강도의 일을 하고는 장애가 있단 걸 고백하며 배려를 부탁하던 날 여지없이 잘랐던 상관들. 그리고 그런 나를 외면했던 동료들. 그러나 난 그들을 위해 기도했지요. 그리고 앞으로도 난 여전히 희망을 말하렵니다. 나야 까짓것 한 번 더 하면 되니까요. 마지막으로 내가 가진 장애로 당했던 각종 불이익보다 이런 장애를 갖고 살았던 내게 삶이 가르쳐 준 생존의 know-how와 착한 지혜로움이 그 억울함을 능가할 만큼 엄청난 그 무엇이었음을 여기 지리산에 와 깨닫고 갑니다. 축복이지요!

하는 일 없이 늘 바쁜 나를 그럴싸한 말들로 현혹하지 않고 사는 모습만으로도 이 '허당정희'의 비루한 흔적을 돌아보게 하였던 작은 예수들과 이 책을 나누렵니다.

2024년 초겨울 벽두에 지리산에서 연정희 미카엘라 배

나는 어떤 사람인가? 나는 사랑하고 있는 중(ing)인가?

나를 포함해 대부분의 사람들은 사랑받지 못해 괴로워하지요. 자아가 형성되는 어린애 때부터 내 삶이 괴로웠던 이유도 거기에 있었고!

삶의 2/3를 훌쩍 넘기게 된 60대 중반에 들어서며 포기하지 못하고 지루하게 미뤄 둔 기도문의 탈고를 기어이 다시 붙들며 비로소 난 내가 잘못 알고 있었음을 알 수 있었지요. 사람은 사랑받지 못해 괴로운 게 아닌 사랑하지 않아 괴로운 거라는, 너무도 당연한 사실을!

그 시대의 누가 봐도 미친놈처럼 '사랑타령'을 하며 떠돌았던 예수라는 사내!
과연 예수는 "난 사랑받을 가치가 충분히 있고 너희들은 내가 너희를 사랑하듯 이런 날 마땅히 사랑해야 하는데 왜 날 사랑하지 않고 이토록 핍박하는 것이냐? 아버지 난 억울합니다!" 이렇게 세상 시끄럽게 떠들다가 결국 사랑의 결핍으로 죽었을까?

사랑은 자기애로 시작되나 그 사랑이 타인을 진정 자기 몸처럼 아끼고 존중하는 것으로 나와 타인 그리고 하느님이 별개가 아님을 알게 될 때 비로소 완성되는 삼위일체가 아닐는지…….

따라서 대속자 예수의 십자가가 우리에게 고난과 사랑의 이중적 의미로 해석되는 건 고난을 거절한 사랑은 사랑이 아니기 때문일 것입니다. 난 다만 그렇게 받아들일 뿐!

화가 나네요! 정말!

ⓒ 연정희, 2025

초판 1쇄 발행 2025년 4월 9일

지은이	연정희
펴낸곳	도서출판 어린여우
주소	서울 금천구 시흥대로 315 금천 롯데캐슬 골드파크 4차 906동 619호
전화	010-5491-2848
이메일	e2827@naver.com

ISBN 979-11-992215-0-5 (03810)

- 가격은 뒤표지에 있습니다.
- 이 책은 저작권법에 의하여 보호를 받는 저작물이므로 무단 전재와 복제를 금합니다.
- 파본은 구입하신 서점에서 교환해 드립니다.